"中国企业社会责任报告编写指南(CASS-CSR3.0)"
系列丛书的出版得到了下列单位的大力支持:

（排名不分先后）

中国南方电网

中国华电集团公司

华润（集团）有限公司

三星（中国）投资有限公司

"中国企业社会责任报告编写指南（CASS-CSR3.0）之钢铁
业指南"的出版得到了以下单位的大力支持:

（排名不分先后）

浦项（中国）投资有限公司

韩国浦项钢铁公司

中国企业社会责任报告编写指南3.0
之钢铁业指南

中国社会科学院经济学部企业社会责任研究中心
浦项（中国）投资有限公司

钟宏武　甘圭植/顾问
张　宓　咸东垠　许　妍　路浩玉/等著

社会责任报告
全生命周期管理指南

经济管理出版社
ECONOMY & MANAGEMENT PUBLISHING HOUSE

图书在版编目（CIP）数据

中国企业社会责任报告编写指南 3.0 之钢铁业指南/张宓等著. —北京：经济管理出版社，
2015.1
ISBN 978-7-5096-3621-3

Ⅰ.①中… Ⅱ.①张… Ⅲ.①企业责任—社会责任—研究报告—写作—中国 ②钢铁企业—企
业管理—社会责任—研究报告—写作—中国 Ⅳ.①F279.2 ②H152.3

中国版本图书馆 CIP 数据核字（2015）第 022833 号

组稿编辑：陈　力
责任编辑：晓　白
责任印制：司东翔
责任校对：超　凡

出版发行：经济管理出版社
　　　　　（北京市海淀区北蜂窝 8 号中雅大厦 A 座 11 层　100038）
网　　址：www. E-mp. com. cn
电　　话：（010）51915602
印　　刷：三河市延风印装厂
经　　销：新华书店
开　　本：710mm×1000mm/16
印　　张：14.25
字　　数：239 千字
版　　次：2015 年 1 月第 1 版　2015 年 1 月第 1 次印刷
书　　号：ISBN 978-7-5096-3621-3
定　　价：68.00 元

《中国企业社会责任报告编写指南 3.0 之钢铁业指南》专家组成员

（按姓氏拼音排序）

房美贞（POSCO 社会贡献 Group）

甘圭植［浦项（中国）投资有限公司副总经理］

顾　一（中国社会科学院经济学部企业社会责任研究中心助理研究员，项目秘书）

郭晶植（POSCO 对外关系部高级副总裁）

金洛京（POSCO 全球安全中心）

金庸来（POSCO 环境中心）

李昌珉（POSCO 环境能源室）

路浩玉（中国社会科学院经济学部企业社会责任研究中心助理研究员）

朴敬美（POSCO 公平交易支援 Group）

魏恩实（POSCO 环境能源 Group）

咸东垠［浦项（中国）投资有限公司企划投资部对外协力部部长］

许　妍［浦项（中国）投资有限公司对外协力部外事经理］

张　蒽（中国社会科学院经济学部企业社会责任研究中心常务副主任）

张　宓（中国社会科学院经济学部企业社会责任研究中心助理研究员）

张永道（POSCO 环境能源室环境能源和社会责任部）

钟宏武（中国社会科学院经济学部企业社会责任研究中心主任）

开启报告价值管理新纪元

透明时代的到来要求企业履行社会责任，及时准确地向利益相关方披露履行社会责任的信息。目前，发布社会责任报告已日益成为越来越多的企业深化履行社会责任、积极与利益相关方沟通的载体和渠道，这对于企业充分阐释社会责任理念、展现社会责任形象、体现社会责任价值具有重要的意义。作为中国第一本社会责任报告编写指南，指南的发展见证了我国企业社会责任从"懵懂发展"到"战略思考"的发展历程。2009 年 12 月，中国社会科学院经济学部企业社会责任研究中心发布了《中国企业社会责任报告编写指南 (CASS-CSR1.0)》(简称《指南 1.0》)，当时很多企业对"什么是社会责任"、"什么是社会责任报告"、"社会责任报告应该包括哪些内容"还存在争议。所以《指南 1.0》和 2011 年 3 月发布的《中国企业社会责任报告编写指南 (CASS-CSR2.0)》(简称《指南 2.0》) 定位于"报告内容"，希望通过指南告诉使用者如何编写社会责任报告、社会责任报告应该披露哪些指标。指南的发布获得了企业的广泛认可和应用，2013 年，参考指南编写社会责任报告的企业数量上升到了 195 家。

5 年过去了，我国企业社会责任报告领域发生了深刻变革，企业社会责任报告的数量从 2006 年的 32 份发展到了 2013 年的 1231 份；报告编写质量明显提高，很多报告已经达到国际先进水平。同时，企业在对社会责任的内涵及社会责任报告的内容基本达成共识的基础上，开始思考如何发挥社会责任报告的综合价值，如何将社会责任工作向纵深推进。

为适应新时期新形势要求，进一步增强指南的国际性、行业性和工具性，中国社会科学院经济学部企业社会责任研究中心于 2012 年 3 月启动了《中国企业社会责任报告编写指南 (CASS-CSR3.0)》(简称《指南 3.0》) 修编工作，在充分调研使用者意见和建议的基础上，对《指南 3.0》进行了较大程度的创新。总体而言，与国内外其他社会责任倡议相比，《指南 3.0》具有以下特点：

（1）首次提出社会责任报告"全生命周期管理"的概念。企业社会责任报告既是企业管理的工具，也是与外部利益相关方沟通的有效工具。《指南 3.0》定位于通过对社会责任报告进行全生命周期的管理，充分发挥报告在加强利益相关方沟通、提升企业社会责任管理水平方面的作用，可以最大程度地发挥报告的综合价值。

（2）编制过程更加科学。只有行业协会、企业积极参与到《指南 3.0》的编写中，才能使《指南 3.0》更好地反映中国企业社会责任实际情况。在《指南 3.0》的修编过程中，为提升分行业指南的科学性和适用性，编委会采取"逐行业编制、逐行业发布"的模式，与行业代表性企业、行业协会进行合作，共同编制、发布分行业的编写指南，确保《指南 3.0》的科学性和实用性。

（3）适用对象更加广泛。目前，我国更多的中小企业越来越重视社会责任工作，如何引导中小企业社会责任发展也是指南修编的重要使命。《指南 3.0》对报告指标体系进行整理，同时为中小企业使用指南提供了更多的指导和依据。

（4）指标体系实质性更加突出。《指南 3.0》在编写过程中对指标体系进行了大幅整理，在指标体系中更加注重企业的法律责任和本质责任，将更多的指标转变为扩展指标，更加注重指标的"实质性"。

《中国企业社会责任报告编写指南（CASS-CSR3.0）》是我国企业社会责任发展的又一重大事件，相信它的推出，必将有助于提高我国企业社会责任信息披露的质量，有助于发挥社会责任报告的综合价值，也必将开启社会责任报告价值管理新纪元！

2014 年 1 月

目　录

总　论

指 标 篇

管 理 篇

案 例 篇

总　论

第一章 钢铁业社会责任

一、钢铁工业在国民经济中的地位

钢铁工业是我国国民经济的支柱型产业，是关系国计民生的基础性行业，是技术、资金、资源、能源密集型产业，是国民经济和社会发展水平以及国家综合实力的重要标志，在整个国民经济中具有举足轻重的地位。

近年来，随着国内外经济形势的变化以及行业发展趋势的转变，钢铁业面临着前所未有的困境。2009 年以后由于国家政策的刺激，宏观经济逐渐好转，基础设施建设持续增加，经济增长势头良好，钢铁业的生产经营有了恢复性的增长。截至 2014 年 11 月，以钢铁业为主体的黑色金属冶炼和压延加工业规模以上工业生产同比增长 6.0%，主营业务收入为 68616.7 亿元，全国粗钢产量 74866.8 万吨，同比增长 7.5%。2014 年 1~10 月，钢铁业实现利润 1450 亿元，同比下降 8.2%。其中，黑色金属矿采选业利润 639 亿元，下降 16.7%；钢铁冶炼及加工业利润 740 亿元，增长 6.8%。[①]

（一）钢铁工业为国民经济发展提供原材料保障

大到飞机、轮船、高楼大厦，小到手机、易拉罐、运动哑铃，钢铁在我们生活中无处不在。钢铁产业是国民经济的重要基础产业，在我国工业现代化进程中发挥着不可替代的作用，它为国民经济的生产提供了重要的原材料保障。

---

① 国家统计局网站。

钢铁的重要作用首先体现在它为一切工具和机器设备提供原材料，是现代社会生产和扩大再生产的物质基础。钢铁工业为机器制造业提供数量日益增长、质量日益提高的钢材；交通运输业特别是铁路业需要大量的钢材；钢铁产品也是现代建筑业的主要消费产品，是房地产行业必不可少的建筑材料。人们的住和行都离不开钢铁，它是社会进步所依赖的重要物质材料。随着社会经济发展的进步，工业化、城镇化的不断深入，保障性安居工程、水利设施、交通设施等大规模建设对于钢材需求量增加。面对经济建设的需求日益多样化，钢铁产品的优化更新有力地支撑了三峡工程、奥运场馆、灾后重建、载人航天、探月工程、京沪高铁等国家重点项目的顺利实施，在国民经济发展中占据着绝对的支柱地位。

作为一种支持国计民生的重要工业产品，没有钢铁，工业化就无从谈起。现代任何国家发达的主要标志是其工业化及生产自动化的水平，即工业生产在国民经济中所占的比重以及工业的机械化、自动化。因此，钢铁工业发展的程度标志着国民经济发展的程度。钢铁业是黑色金属冶炼和压延加工业的主体，2013 年我国黑色金属冶炼和压延加工业总资产达到 62638.33 亿元，同比增长 10.26%；行业销售收入为 76316.93 亿元，较 2012 年同期增长 7.63%；行业利润总额为 1695.04 亿元，同比增幅为 37.87%。[①] 2011 年 10 月 24 日，中华人民共和国工业和信息化部印发《钢铁工业"十二五"发展规划》，对钢铁工业的发展提出新的要求，未来钢铁工业将进一步优化产业布局，促进产品种类优化升级，深入推进节能减排，做好国民经济发展的资源保障。

（二）钢铁工业是国民经济实现可持续发展的中坚力量

钢铁工业是重要的基础工业部门，是发展国民经济与国防建设的重要物质基础。从远古时代的坚甲利兵，到近代的炮舰外交，国家实力无不是以军事实力体现的，而军事实力又是以强大的钢铁生产作为后盾。现代战争从物质这个角度来说，主要就是钢铁的竞赛。

此外，钢铁工业也是农业机械化、现代化不可缺少的物质基础。钢铁与关系国计民生的许多行业有密切的关联度，钢铁业下游涉及八大行业，即建筑、机械、轻工、汽车、集装箱、造船、铁道、石化等，这些行业的发展为钢铁业提供

---

① 国家统计局网站。

发展契机，反过来钢铁业的发展也会促进这些行业的进步。

首先，钢铁工业对调整工业结构、优化产业布局有至关重要的作用。钢铁业处在工业的中间链条上，它的发展既受产业政策、经济发展环境等外部因素的影响，同时也受上下游行业等直接条件因素的影响。随着工业化进程的推进，以及国家对节能环保的要求越来越高，钢铁业必须发挥基础行业的重要作用，大力发展循环经济，增强自主创新能力，为优化产业布局，提升我国钢铁产业在国际经济产业链中的地位贡献力量。

其次，钢铁对满足国内消费需求有间接的推进作用。2008 年全球金融危机，钢铁业经历了前所未有的低迷；2009 年国家陆续出台了钢铁、汽车、装备制造、船舶、轻工、有色金属等十大产业调整和振兴规划，制定了多项财政、税收优惠政策，如降低汽车购置税、汽车和家电下乡及以旧换新、鼓励加快老旧船舶报废更新等政策，保持了主要用钢行业生产大幅增长，为进一步满足国内消费需求、促进产业发展贡献了力量。

二、钢铁业履行社会责任的意义

（一）宏观层面——钢铁业履行社会责任，助力社会可持续发展

炼钢生产在中国已有 2500 多年的历史，与人们的社会生活密切相关。钢铁业是我国国民经济的支柱型产业，如何保障钢铁业健康稳定发展，对促进我国经济社会发展有重要意义。中共十八届三中全会通过的《中共中央关于全面深化改革若干重大问题的决定》中，明确要求国有企业将承担社会责任作为改革重点，2014 年 10 月，中共十八届四中全会通过《中共中央关于全面推进依法治国若干重大问题的决定》，要求加强企业社会责任立法，说明企业社会责任已经上升到国家战略的层面。

作为国民经济的支柱型产业，钢铁工业必须将履行社会责任放到企业发展的重要高度。全面推进钢材品种、质量和标准的提升，着力满足经济生产、社会生活的钢材需求。此外，钢铁业又是资源、能源密集型产业，具有能源消耗大、环

境污染严重等问题。面对环境保护和钢铁生产现状之间的矛盾，钢铁业企业必须综合地解决包括生产效率、生产质量、能源消耗、污染防治、环境生态等议题在内的可持续发展命题，助力社会可持续发展。

（二）中观层面——钢铁业履行社会责任，推动行业可持续发展

随着社会生产力的大幅提高，传统的钢铁生产已经不能适应社会经济的要求。行业的快速发展客观上要求消耗大、产能低、装备水平不高、污染严重的企业进行结构升级，进一步提高生产效率，重视发展循环经济，建立节约型企业。因此钢铁企业积极履行社会责任尤其是循环经济以及环境保护的社会责任，将对整个行业的发展有着积极的推动作用。

钢铁业履行社会责任意味着行业内企业要普遍强化社会责任意识，深化改革，加强管理，严格遵守《环境保护法》、《劳动合同法》等法律法规，诚信经营，依法承担安全生产、节能减排、劳动保障等方面的社会责任。按照公平交易的原则，开展经营合作，增强行业自律，促进行业信用体系建设，推动行业良性发展。

钢铁业履行社会责任意味着与供应链体系的上下游企业共同承担责任，建立合作共赢机制。通过使生产链条上的所有参与者，通过一致性战略和一体化标准，将上下游企业纳入社会责任体系，切实推动整个行业的履责理念、行为的发展。

钢铁业履行社会责任，意味着要顺应行业发展趋势，走可持续发展道路。钢铁业生产过程对环境影响重大，安全生产与员工职业健康密切相关。因此，钢铁业主动披露涉及安全、经济、环境、创新、员工、社区等方面的主要社会责任信息，将发布社会责任报告作为一个窗口和品牌，让全社会重新了解和认识钢铁企业；同时，通过披露社会责任信息，从中发现行业的履责不足，进一步总结经验，提升钢铁业的风险管理水平。

（三）微观层面——钢铁业履行社会责任，促进企业可持续发展

企业履行社会责任既要兼顾企业的经济效益，又要考虑如何回应外部利益相关方的要求，以降低企业的运营风险，提高企业的品牌形象，实现企业的可持续发展。

钢铁企业属于关系到国计民生的支柱型产业。面临当前资源和能源日益紧张

的形势，钢铁原材料价格大幅上涨，企业如果想实现可持续发展则要求企业必须从战略上重视发展循环经济，建立节约型企业，充分履行社会责任。

除了现实背景的要求，企业主动选择披露社会责任工作，还可以更好地回应利益相关方的关注，提升企业的可信度，增强各方信心，促进企业的良性发展。企业注重安全生产，完善安全应急机制，有利于企业改善安全生产现状，建立有效的安全生产预防机制，减少事故发生率，保障员工生产安全；企业注重履行环境责任，有助于保护人们的生活环境，有利于降低运营成本，提高生产效率；企业注重履行社区责任，有助于为企业创造更稳定的发展环境；企业注重维护员工权益，可以进一步为企业提供人才保障，增强员工凝聚力，为企业发展提供核心动力；企业主动进行供应链管理，有助于降低由于供应商违规所带来的风险；企业维护股东利益，有助于增强资本市场对企业的可信度。因此，钢铁企业履行社会责任能够保障利益相关方的权益，推动企业和谐发展。

三、钢铁业社会责任特征及要求

在履行社会责任过程中，各行各业呈现出不同的履责特征和要求，提出了差别化的社会责任议题。钢铁业自身生产的特殊性使它在节能减排、清洁生产、循环经济、安全生产、资源保障等方面体现出与其他行业相比更高的要求；同时钢铁业与上下游企业的密切联系也要求其在供应链责任及科技创新上体现更高的要求。

（一）节能减排

2013年，"雾霾"一词成了人们生活中的热点词汇。空气环境的好坏直接关系着人们的身体健康和生活质量，经济效益的提高要以环境保护为前提，环境的重要性毋庸置疑。节能减排是实现钢铁产业转型升级、可持续发展的关键所在，而且在当前钢铁产能过剩的情况下，节能减排的重要性更加凸显。

早在2009年3月，中央政府就发布了《钢铁产业调整和振兴规划细则》，2010年国家进一步推动钢铁产业节能减排，出台《国务院办公厅关于进一步加大节能减排力度加快钢铁工业结构调整的若干意见》与《钢铁业生产经营规范条件》等文件，对钢铁企业在环保、能耗以及生产规模等方面做了一系列规定。在《钢铁工业"十二五"发展规划》中也明确指出坚持绿色发展对行业发展的重要意义，"加快资源节约型、环境友好型的钢铁企业建设，大力发展清洁生产和循环经济"。

对于钢铁行业来说，生产过程会不同程度地产生对大气、水以及固体废弃物的污染，来自中国钢铁协会数据，重点统计钢铁企业 2012 年废弃累计排放 86889.9 亿标准立方米，二氧化硫累计排放 68.18 万吨，烟粉尘累计排放 42.78 万吨。2013 年，重点统计钢铁企业的总能耗、用水总量、重复用水量等总量指标仍呈现出上升趋势，行业生产特性决定了在履行社会责任过程中必须对环保标准提出更高要求。

由于我国钢铁企业炼铁、炼钢等工序能耗与世界先进水平还有一定差距，企业节能减排管理有待完善，因此，《钢铁工业"十二五"发展规划》指出要"积极研发和推广使用节能减排和低碳技术"，在生产过程中逐步减少污染物排放；同时要进一步推进废弃物的减量化、再利用和资源化。2014 年 5 月，国务院印发《2014~2015 年节能减排低碳发展行动方案》，指出"通过产业结构调整、建设节能减排降碳工程以及重点领域狠抓节能降碳等方法全面实现能效对标，实现绿色运营"。未来，面临着越来越严峻的环境形势，钢铁业将把节能环保放在企业履行社会责任的首要工作位置。

结合《钢铁工业"十二五"发展规划》以及《2014~2015 年节能减排低碳发展行动方案》等政策要求，钢铁业在生产过程中应该重视绿色制造、绿色运营以及绿色产品等环节。在绿色制造环节，要求企业通过采取各类管理和技术措施，最大限度地节约资源、降低能耗、减少排放，在实现良好经济效益的同时实现清洁生产，着重推进清洁生产审核、能源管理体系构建以及新能源技术的研发和应用等；在绿色运营环节，要求企业在保障绿色生产的同时，注重节能、环保以及循环经济等领域，形成为行业内外提供环保解决方案和服务的能力；同时，在绿色产品这一生产过程中，应该注重产品的全生命管理，在设计、制造、运输、使用、回收、再利用、废弃等全部过程中注重节约资源、降低能耗，生产出对环境和消费者都有益的产品。

（二）员工安全与健康

为所有员工创造一个安全健康的工作环境是所有企业的首要职责。安全生产与职业健康保障的改善需要每个人全力以赴。在生产过程中，钢铁企业应该首先宣贯安全生产文化的重要性，让公司所有人意识到安全与健康是首要职责，不能以任何目标为由而妥协。一个成功的钢铁企业，其工作环境也应该是最安全的。

近几年钢铁业在消除事故和危害上取得了卓越成效，图1-1来源于国际钢铁协会网站，显示会员公司误工工伤情况。

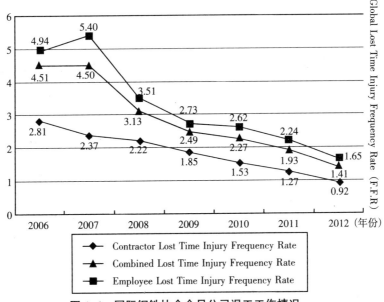

图1-1　国际钢铁协会会员公司误工工伤情况

安全生产是钢铁企业生产和经营活动得以正常进行的重要保证。即使生产与安全发生矛盾时，也必须将安全放在首位，优先保证施工、作业人员的生命和身体健康，充分体现以人为本的安全理念。这要求企业在履行社会责任过程中应该充分重视安全生产和员工健康，在安全管理体系和安全培训、安全应急以及专项整治等方面扎实推进和落实。

首先，从社会层面，2012年11月21日，国务院安委会印发了《国务院安委会关于进一步加强安全培训工作的决定》，强调安全培训在安全生产和安全管理中的地位和作用。其次，在企业自身层面，建立完善的安全管理制度体系，在企业内部形成安全文化，将安全责任制落到实处，完善安全应急体系，紧抓安全培训，构建技术安全，做好风险防控等工作。最后，从员工层面，员工应牢固树立安全意识，将安全工作与企业日常生产经营充分结合，牢固树立安全生产观念。

（三）科技创新

《钢铁工业"十二五"发展规划》中明确指出，提高钢铁工业自主创新能力，加快建立以企业为主体、市场为导向、产学研用相结合的技术创新体制和机制。而且《钢铁业"十二五"发展规划》中明确提出目标，钢铁企业建立完善的技术创新体系，其研发投入占主营业务收入达 1.5%以上。可见，对于钢铁这一传统行业来说，钢铁工业的优化升级必须改进技术，同时加快产品的升级换代，提升产品的竞争力。

对于企业来说，钢铁业发展形势的严峻是其进行科技创新的客观原因，企业必须加快产品升级，围绕品种质量、节能降耗、清洁生产、安全生产等重点，加快应用新技术、新工艺、新装备，对企业现有生产设施、装备、生产工艺条件进行改造，不断优化生产流程，升级企业技术装备，提高资源综合利用水平，增强新产品开发能力，加快产品升级换代，加强安全生产保障。而从企业自身来讲，世界先进企业很早就认识到了企业要围绕市场，以客户为导向，从钢材生产商向钢材服务商转变，为用户提供钢材应用的解决方案。这也是企业今后进行科技创新的努力方向。同时，通过研发新产品和使用新工艺，还可以引导用户使用方向，进而主导钢铁市场未来的需求，引领钢铁产业的技术发展方向，从而使企业的技术创新方向具有前瞻性，确保企业自身实现可持续发展。

（四）供应链责任

对钢铁企业而言，其供应链是指通过与上下游成员的连接组成的网络结构，即由物料获取、物料加工、将成品送到用户手中这一过程所涉及的企业和企业部门组成的网络。钢铁企业供应链可以分为五个环节，即计划、采购、生产、配送和退货。由于钢铁业属于基础性行业，而且为上下游众多行业提供生产所需原材料，因此从供应端、生产制造以及物流配送等多个环节都必须充分地体现社会责任。

首先，在供应端环节，我国 63%的铁矿石需要进口，因此带动供应链建立绿色供应链体系，要求钢铁企业的供应链上下游严格遵守绿色标准。其次，在生产制造环节，处在供应链各个环节的企业应该时刻关注对供应商企业员工履行社会责任，关注员工基本权益的保障，注重员工工作环境的安全和健康，为员工提供一个健康、舒适的工作环境。最后，在物流配送环节，由于钢铁业生产成品多是其他行业的原材料，因此应该注重钢铁业供应链的协同管理，优化与整合物流资源，为用户提供更加优质的服务。

（五）强化资源保障

《钢铁工业"十二五"发展规划》强调要把提高资源保障能力提升到行业发展安全的战略高度。我国目前的现实情况是钢材产品实物质量整体水平仍然不高，只有约30%可以达到国际先进水平。

作为最重要的工业产品，钢铁业的发展与国民经济的发展息息相关。因此提高我国国民经济综合实力，实现国民经济可持续发展必须提升钢铁业的综合发展水平，提高产品竞争力，从而提升我国钢铁资源的保障能力。

结合我国当前钢铁市场的现实发展情况，为进一步提升钢铁产品质量，增强资源保障能力，钢铁业需要进一步加快产品升级，推进行业标准化工作，全面推进钢材品种、质量和标准的提升。同时，优化产业布局，提高国内矿石资源的整合度，加快建立适应我国钢铁工业发展要求的废钢循环利用体系，提高废钢加工技术装备水平和废钢产品质量。

第二章 钢铁业社会责任报告特征

一、国际钢铁企业社会责任报告特征

企业社会责任报告是企业非财务信息披露的重要载体，它披露了企业经营活动对经济、环境和社会等领域造成的直接和间接影响，以及企业取得的成绩及不足等信息，是企业与利益相关方沟通的重要桥梁。随着节能环保、安全生产和科技创新等问题越来越引起社会的关注，传统的以股东利益最大化为目标的运营方式已经不能满足当前的市场需求，这推动了越来越多的企业履行社会责任，回应利益相关方的期望。

从国际钢铁业发布可持续发展报告（以下简称"报告"）的基本情况和趋势看，国际钢铁业的社会责任报告具有以下三个特征：一是报告多参考国际标准，报告内容规范且完整；二是报告实质性表现优秀，围绕行业特色议题进行社会责任信息披露；三是报告表现形式多样，可读性强。

根据 2014 年 500 强财富榜单，本书选取了 500 强财富榜单排名前 5 位的国际钢铁企业作为分析的样本企业。国际钢铁业样本企业基本信息如表 2-1、表 2-2 所示，5 家国际钢铁企业社会责任报告信息如表 2-3 所示。

根据对国外先进钢铁企业的报告信息整理、分析，可以初步概括出以下特点。

表 2-1　国际钢铁业样本企业特征（2014 年）

500 强排名	企业名称	总部所在地	营业收入（百万美元）
1（101）	安赛乐米塔尔	卢森堡	79440.0
2（177）	韩国浦项钢铁公司	韩国	56520.8
3（184）	新日铁住金	日本	55062.1
4（316）	日本钢铁工程控股有限公司	日本	36602.3
5（471）	印度塔塔	印度	24575.3

资料来源：财富中文网，2014 年世界《财富》500 强。

表 2-2　国际钢铁企业简介（5 家）

企业名称	企业简介
安赛乐米塔尔	2006 年，安赛乐与米塔尔钢铁公司合并，组建钢铁业领头羊安赛乐米塔尔钢铁集团。安赛乐米塔尔集团将企业可持续发展理念融入企业经营环节，关注四大领域：投资员工、使产品实现可持续、丰富社区发展、诚信经营，诚信经营是前三个领域的基础。集团认为员工对企业来说永远是最重要的，因此在报告中将员工放在利益相关方首位进行议题回应。在 2014 年《财富》世界 500 强排名中列第 101 名
韩国浦项钢铁公司	韩国浦项钢铁集团公司（Pohang Iron and Steel Co. Ltd., POSCO），成立于 1968 年，是全球最大的钢铁制造商之一，每年为全球超过 60 个国家的用户提供 2600 多万吨钢铁产品。浦项十分重视与利益相关方的沟通，并且大力发展绿色技术，希望通过发展绿色环保技术和可再生能源，实现节能减排、增加就业、推动经济发展。在 2014 年《财富》世界 500 强排名中列第 177 名，并且连续十年入选道琼斯可持续发展指数
新日铁住金	新日铁住金株式会社前身分别为新日本制铁（简称新日铁）与住友金属工业（简称住金），为提升在全球市场的竞争力，两家公司 2012 年 10 月 1 日合并，并改为现名新日铁住金。新日铁住金是全球知名的钢铁企业，粗钢产量为日本第一，企业致力于打造环境友好型社会，并提出目标方案，即"生态型生产过程、生态产品、生态型排放"。在 2014 年《财富》世界 500 强排名中列第 184 名
日本钢铁工程控股有限公司	2002 年，日本钢管（NKK）和日本第三大钢铁公司——川崎制铁合并成立 JFE HOLDINGS，并以日本钢铁工程控股有限公司（JFE）的新面貌重新出现。JFE 秉承"用最创新的技术回报社会"这一责任理念，在 2013 年的可持续报告中从钢铁工艺、技术生产、业务产品三个方面进行环境议题的回应，同时关注资源的有效利用率和日本特殊的地理位置对企业生产带来的实质性困难。在 2014 年《财富》500 强中排名 316 位
印度塔塔	印度塔塔集团（TATA）始建于 1868 年，是印度最大的集团公司，业务涉及通信和信息技术、工程、材料、服务、能源、消费产品和化工产品。塔塔秉承"成为在价值创造和企业公民领域的国际典范"的责任理念，在长期的社会责任实践中，围绕产品责任、员工责任和环境责任，开展了富有创新性的社区活动。在 2014 年《财富》500 强中排名 471 位

（一）报告多参考国际标准，报告内容规范且完整

1. 报告重视对利益相关方需求的回应

一份优秀的社会责任报告的首要任务是回应企业内外部利益相关方的需求，通过这五份国际优秀钢铁企业的报告可以看到优秀企业对客户需求的分析回应、

第三方评价以及对利益相关方的承诺均有提及，回应全面、沟通有效。POSCO 2013 年可持续发展报告总裁致辞中明确强调"我们将与利益相关方共同成长，成为世界敬重的知名企业"。目标企业报告的完整性表现较好，披露内容全面、数据信息翔实。其中，POSCO 对 162 个数据进行了连续两年的披露，由于披露的内容越来越多，国际优秀企业的社会责任报告也呈现出页数越多、内容越丰富的趋势。POSCO 的报告从 1996 年第一份环境报告不足 30 页，到 2012 年的 255 页、2013 年的 109 页，报告的篇幅有所增加，披露的内容也更完整。

2. 报告以企业核心社会责任理念为线索

从报告整体内容来看，国际优秀钢铁企业的社会责任报告并不是单纯地披露各项议题的绩效，而是围绕着企业的核心社会责任理念展开，同时配合企业所开展的丰富案例实践，以期通过报告的内容进一步促进企业社会责任管理工作的提升，报告呈现的内容真正起到了引领企业可持续实践的作用。

日本钢铁工程控股有限公司（JFE GROUP）的社会责任理念是用最创新的技术回报社会，在报告的责任聚焦内容中介绍了关注沿海产品生产技术，抗震技术、能源、原材料的高效使用以及在世界范围内推广绿色科技，这三部分内容很好地呼应了 JFE GROUP 关注创新技术回馈社会的社会责任理念。在报告具体内容呈现中，JFE 从钢铁工艺、技术生产、业务产品三个方面进行环境议题的回应，同时关注资源的有效利用率和日本特殊的地理位置给企业生产带来的实质性困难。在社会责任理念的指导下回应企业自身履责行动以及具体工作中出现的问题，提高了报告的沟通质量。

3. 报告编制规范，多参考国际标准，进行外部审验

国际钢铁企业开展可持续工作都比较早，因此报告编制工作已经形成了一定的模式，且编制流程规范，其中参考标准均为国际标准，新日铁住金在报告中也参照了日本环保部的标准。同时，为了保证报告数据的真实有效，国际优秀钢铁企业在披露社会责任信息的同时都申请进行第三方外部审验，进一步保证报告内容的真实性，这是对外部利益相关方负责的行为，也是企业进行社会责任工作的一个成果鉴定，进一步提升了报告的可比性。

表 2-3　国际钢铁企业发布社会责任报告概况（2013 年）

公司名称	报告名称	报告参考标准	报告页码	报告发展历程	第三方审验
安赛乐米塔尔	企业社会责任报告 2013	AA1000 Accountability Principles Standard（AA1000 APS 2008）	75	● 2007~2013 年可持续发展报告	是
POSCO	可持续发展报告 2013	GRI	109	● 1996~2002 年环境报告 ● 2002~2013 年可持续发展报告	是
新日铁住金	年度可持续发展报告 2013	GRI；日本环保部环境报告细则（Environmental Reporting Guidelines）	31	● 新日本制铁于 1998 年发布第一份可持续发展报告 ● 2012 年，新日本制铁与住友金属工业合并，截至 2015 年 1 月 1 日共发布 2012~2014 年三份可持续发展报告	是
JFE	企业社会责任报告	GRI	70	● JFE 集团环境报告 2002~2004 年 ● 环境可持续报告 2005 年、2007~2010 年 ● JFE 社会绩效报告 2010 年 ● JFE CSR 报告 2011~2014 年 ● JFE CSR 报告 2013 年环境数据手册	是
印度塔塔钢铁公司	可持续发展报告 2012~2013	GRI	176	● 2000-01~2012-13 可持续发展报告 ● 2008-09~2010-11 企业公民报告	是

（二）报告实质性表现优秀，围绕行业特色议题进行社会责任信息披露

实质性是一份优秀的社会责任报告的灵魂。通过筛选企业实质性议题，可以帮助企业从可持续视角看待对企业有重要影响的活动，识别 CSR 工作的重点领域，是企业社会责任工作的一项基础性工作。在这五份报告中，企业全面披露了在绿色生产、绿色产品、循环经济、技术创新、员工安全与健康、供应链管理等行业核心议题方面的履责行动和绩效，展示了国外先进企业在行业核心议题上的出色成就。

安赛乐米塔尔集团在实质性议题二维矩阵中列出了企业在带动社区发展、优化公司治理、制造可持续的产品、增加员工投入四个大议题下面的 26 个子议题，通过实质性议题简化报告编制标准中众多复杂的议题，进一步帮助企业识别要在报告中说明哪些重要内容，使报告更加言之有物。

以 POSCO 为例，表 2-4 是 POSCO 2011~2013 年可持续报告的核心议题。通过议题的变化和丰富这一趋势可以看到 POSCO 在报告实质性方面所做的工作和努力。

表 2-4 POSCO《可持续发展报告 2011~2013》议题

2011 年		2012 年		2013 年	
环境 ● 全球环境管理 ● 环境管理绩效 ● 保护生物多样性 ● 回应气候变化 ● 沟通交流 **伙伴** ● 公平交易 ● 风险投资项目 ● 共赢成长 ● 供应链评价分析体系 **员工** ● 安全和健康 ● 创造美好工作环境 ● 全球人力资源体系	**客户** ● 产品和技术 ● 生态友好型发展 ● 自动材料 ● 创造客户价值 ● 质量管理 ● 为中小企业客户创造共赢项目 **社会** ● 培养人才 ● 员工分享活动 ● 社会福利	**投资者** ● 投资者信息 ● 企业价值和外部评估 ● 任务创新 ● 技术创新 **客户** ● POSCO 产品 ● 生态友好产品 ● 创造客户价值 ● 质量管理 **环境** ● 环境管理 ● 气候变化 ● 生态友好过程 ● 环境伙伴	**员工** ● 安全 ● 健康 ● 美好工作环境 ● 全球人才 **社会** ● 社会贡献理念 ● 社会贡献绩效 ● 为了下一代 ● 跨文化家庭支持 ● POSCO 清洁海洋志愿者 ● 在非洲的社会贡献 ● 促进就业	**投资者** ● 投资者信息 ● 工作创新 ● 技术创新 **客户** ● 浦项产品 ● 生态友好产品 ● 创造客户价值 ● 质量管理 **环境** ● 环境管理 ● 环境成效管理 ● 回应环境风险 ● 环境伙伴 **伙伴** ● 公平交易 ● 风向投资项目 ● 共同成长项目 ● 改善 CSR 供应量水平	**员工** ● 安全 ● 健康 ● 安全健康策略 ● 营造美好工作环境 ● 培养全球人才 **社会** ● 数字表现社会贡献 ● 社会贡献系统 ● 本地社区 ● 全球人才 ● 地球环境 ● 多样化环境 ● 文化遗产保护

具体来看，在每一个大议题下面又有若干子议题，POSCO 针对每一个子议题有自己独特的解决方案和措施，并且针对这些措施设置了一些指标，便于企业在实际工作中遵守。表 2-5、表 2-6、表 2-7 是 2013 年 POSCO 可持续发展报告中所体现的部分子议题下面的措施和绩效。

表 2-5 《POSCO 2013 可持续发展报告》部分子议题与措施

议题	子议题	措施	指标/绩效
CSR 管理	● CSR 管理 ● 利益相关方观点 ● 海外公司 CSR 评估	● 从 2011 年起与 POSCO Research Institute 合并，形成 CSR 指标体系 ● 2013 年 10 月，形成 POSCO 海外企业 CSR 指标体系	
商业伦理	● 持续的员工培训 ● 为伦理实践构建基础 ● 经营伦理的改善 ● 全球经营管理中防范风险	● 线上线下针对不同层级员工的培训 ● POSCO 礼品归还中心 ● 全员参与企业正道志愿实践项目 ● 对海外待派遣人员提供集中正道经营培训	获得韩国正道经营奖项；作为韩国财政部正道经营的案例

续表

议题	子议题	措施	指标/绩效
人权管理	● 基于 Code of Conduct 的人权管理 ● 伦理实践中保护人权 ● 强调员工不满和诉求的体系 ● 人权管理意识传播	● 聚焦在保护和尊重人权上的 Code of Conduct 的修订	
风险管理	● 企业风险管理体系 ● 积极回应核心风险和信息共享 ● 传播风险管理文化 ● 风险自我抵制体系 ● 财政报告内控	● 定性风险每周分析 ● 运行企业风险管理体系，预示风险 ● 传播风险管理文化、加大培训 ● 改进风险自我防范系统，与企业资源计划系统（ERP）关联，实时收集和反馈数据	
关键议题实践	● 回应海外事业的人权问题 ● 幸福管理		

资料来源：《POSCO 2013 可持续发展报告》。

表 2-6　《POSCO 2013 可持续发展报告》部分子议题与措施

议题	子议题	措施	指标/绩效
投资者	投资人关系	信用评级；外部评价	连续 9 年入选 SAM-DJSI 领先企业，环境部分是分 90 分，钢铁企业世界第一
	目标创新	● 创新基于 POSCO 的创新模型——π 创新 ● PODICI：专注于增长利润的创新中心，通过实时管理和悖论管理	
	技术创新	● POSPIA 3.0：全球最优化经营 ● POSCO SMART NOTE：及时完成工作 ● FINEX	
客户	产品质量管理	● 理念：在公司上下包括所有法人公司和供应商中提倡双赢模式 ● 以 "The POSCO Quality" 为理念的质量许可制度 ● 质量管理培训 ● 服务质量评估服务 ● 质量管理评级、服务管理评级、供应商评价、POSCO质量奖项	
	生态友好产品		生态友好产品比例、种类、销售量
	创造客户价值	● 完善销售策略 ● 围绕客户制定价值竞争战略（Value Competition Strategy） ● 开展营销能力培训项目 ● 使客户最大程度的满意	
环境	环境管理	建立 "New POEMS" 环境管理体系，包括 7 个过程：水—空气—副产品—土壤和地下水—化学物质—管理摘要信息—环境审计	主要环境设施投入

18

续表

议题	子议题	措施	指标/绩效
环境	回应环境风险	环境风险管理；回应气候变化；有害化学物质控制；绿色供应链管理	

资料来源：《POSCO 2013 可持续发展报告》。

表 2-7　《POSCO 2013 可持续发展报告》部分子议题与措施

议题	子议题	措施	指标/绩效
伙伴	公平贸易	创造就业机会、慈善捐赠、支持社区经济发展、海外社区发展、POSCO 小镇项目、多文化社会环境	
	提升供应商质量	供应商管理	
员工	员工安全	全球安全与环境中心	安全培训绩效、安全事故数、工时损失率
	员工健康	健康管理、健康教育、健康关爱志愿组织、心理咨询、健康推进	
	营造美好工作	员工满意度、关爱特殊人群、关爱女性、员工福利	
	员工责任绩效		按照雇佣类型的员工数、新员工数、女性比例
社会	本地社区	雇佣人数、捐赠、支持社区经济发展	
	全球人才	开放式招聘体系、为家庭妇女提供就业机会	
	多文化社会	支持外籍新娘就业	
	志愿活动	清洁海洋、保护古迹等	

资料来源：《POSCO 2013 可持续发展报告》。

（三）报告表现形式多样，可读性强

钢铁企业属于原材料制造工艺，钢铁产品的生产也有独特的流程和生产工艺。为了使利益相关方更清晰地了解钢铁企业，以及钢铁产品的生产过程，部分国际企业在报告中通过生动的图片和直观的表格展现生产流程、产品种类等与社会责任相关的信息，拉近报告与读者的距离，增强报告可读性。

新日铁住金在 2013 年可持续发展报告中用图片表现企业能源和原材料使用均衡这一议题，表现钢铁制作的过程，清楚地注明输入和产出，使利益相关方更加了解企业生产过程。既增强了报告可读性，又促进了高效沟通，如图 2-1 所示。

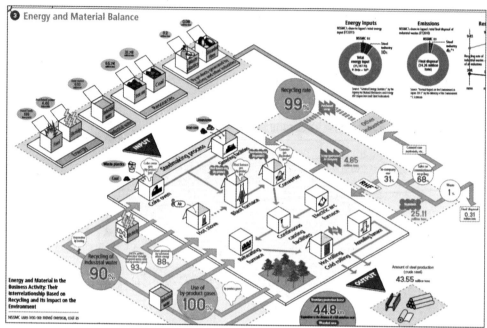

图 2-1　新日铁住金能源和原材料平衡上所做的工作

资料来源：《JFE 2013 年可持续发展报告》。

二、国内钢铁企业社会责任报告特征

结合 2014 年 500 强《财富》榜单以及 2014 年中国企业社会责任研究报告金属行业中钢铁企业社会责任发展指数（见表 2-8），本书选取了 5 家国内钢铁企业作为样本企业。国内钢铁业基本信息如表 2-9、表 2-10 所示，国内钢铁业社会责任报告信息如表 2-11 所示。

表 2-8　中国企业社会责任研究报告（2014）之金属行业社会责任发展指数

金属行业社会责任发展指数（2014）								
2014 年排名	2013 年排名	企业名称	企业性质	责任管理	市场责任	社会责任	环境责任	综合得分	星级
3	5	宝钢集团有限公司	中央企业	92.9	80	77.3	52.4	74.7	四星
4	4	武汉钢铁（集团）公司	中央企业	71.4	80	65	77.4	73.5	四星
6	6	浦项（中国）投资有限公司	外资企业	82.1	62.5	81.8	56.6	70.5	四星

续表

金属行业社会责任发展指数（2014）								
2014年排名	2013年排名	企业名称	企业性质	责任管理	市场责任	社会责任	环境责任	综合得分	星级
7	3	太原钢铁（集团）有限公司	其他国有企业	75	60	75.2	66.6	69.5	四星
8	13	鞍钢集团公司	国有企业	83.9	72.5	61.8	40	63.6	四星
9	16	马钢（集团）控股有限公司	国有企业	67.9	72.5	58.9	52.4	62.2	四星
10	9	河北钢铁集团有限公司	其他国有企业	58.9	75	51.4	50.8	58	三星
11	8	首钢总公司	其他国有企业	48.2	40	35.2	40	41.2	三星

表 2-9 国内钢铁业企业发布社会责任报告样本企业特征

世界500强排名	企业名称	营业收入（百万美元）
1 (211)	宝钢集团	49297.3
2 (271)	河北钢铁	40829.2
3 (310)	武汉钢铁	36927.8
4 (/)	浦项（中国）投资有限公司	7500
5 (/)	太原钢铁	23478.3

表 2-10 国内钢铁业企业简介（5 家）

企业名称	企业简介
宝钢集团	宝钢集团成立于1978年，它的发展也是中国改革开放的成就之一。宝钢集团关注行业发展趋势、钢铁企业转型以及可持续发展。在2014年《财富》世界500强排名中列第211名
河北钢铁	河北钢铁集团成立于2008年，企业在社会责任的发展战略关注清洁生产、循环经济以及社会贡献率，力争在这些领域成为钢铁业的典范。在2014年《财富》世界500强排名中列第271名
武汉钢铁	武汉钢铁集团公司于1958年建成投产。武汉钢铁集团关注利益相关方沟通，力争在环境、社会、股东、供应商、客户、员工六个方面成为行业领先典范。同时在社会责任报告中注重凸显企业社会责任实践，在环境意识、经济成绩以及社会责任感方面体现出了更好的责任行动。在2014年《财富》世界500强排名中列第311名
浦项（中国）投资有限公司	浦项（中国）投资有限公司（以下简称POSCO-China）作为全面负责POSCO中国境内业务的中国区总部，为POSCO-China旗下的投资法人提供人事、劳务、培训、革新、财务、法务以及技术交流等企业经营活动相关的业务支援。作为韩资企业，POSCO努力为中韩文化的交流贡献力量，POSCO在吉林省龙井市设立浦项—龙井基金，扶持民族文化，开展文化交流。在环境保护、科教文卫事业扶持、社会公益等领域履责成效显著
太原钢铁	太原钢铁（集团）有限公司（简称太钢）是中国特大型钢铁联合企业和全球产能最大、工艺技术装备最先进的不锈钢企业。太钢集团不仅发布社会责任报告，还发布绿色发展手册，披露环境责任绩效。为了成为有责任感的企业，太钢集团认真识别和化解企业发展过程中存在的能源和资源消耗、污染物排放、人身伤害、职业病伤害的风险，按照循环经济思路降耗、减污，实现了企业从污染大户到绿色工厂的转变

表 2-11　国内钢铁企业发布社会责任报告概况（2013 年）

公司名称	报告名称	报告参考标准	报告页码	报告发展历程	第三方审验
宝钢集团	企业社会责任报告 2013	GRI	90	2008~2013 年社会责任报告	否
武汉钢铁	企业社会责任报告 2013	GRI3.0、中国企业社会责任报告编写指南（CASS-CSR 2.0）	83	2008~2013 年社会责任报告	否
POSCO-China	企业社会责任报告 2013	中国企业社会责任报告编写指南（CASS-CSR 3.0）	57	2011~2013 年社会责任报告	是
太原钢铁	企业社会责任报告 2013	GRI	80	2010~2013 年社会责任报告	是
鞍山钢铁	企业可持续发展报告 2013	G4、中国企业社会责任报告编写指南（CASS-CSR3.0）、《GSRI-CHINA2.0》	90	2007~2013 年可持续发展报告	否
马钢集团	企业社会责任报告 2012~2013	"GSRI -CHINA2.0"、ISO26000、GRI（G4）、CASS-CSR3.0	53	2009~2013 年社会责任报告	否
河北钢铁	企业社会责任报告 2013	—	49	2008~2013 年社会责任报告	否
首钢集团	企业社会责任报告 2013	中国工业企业及工业协会社会责任指南	63	2006 年首钢环境责任报告 2007 年首钢人力资源社会责任报告 首钢 2008~2013 年社会责任报告	是

　　根据对国内钢铁企业的社会责任报告信息整理、分析，本书总结和分析了国内钢铁企业社会责任报告的三个特征：一是报告质量不断提高，但报告编制不够规范；二是报告内容不够完整，实质性有待增强；三是报告表现形式比较单一，缺乏创新。

（一）报告质量不断提高，但报告编制过程不够规范

　　《2014 年中国企业社会责任研究报告》披露 2013 年仅有 8 家钢铁企业发布社会责任报告，数量不足钢铁企业一半。依据《中国企业社会责任报告评级标准（2013）》测算，尽管目前国内钢铁企业整体来看，企业发布社会责任报告的数量较少，整体质量尚处在较低阶段。但是，随着越来越多企业对社会责任的重视程度不断增加，行业内企业社会责任报告的整体质量相比有所改善。5 家企业社会责任报告的平均页码为 72 页，报告内容较为翔实，披露了责任管理、环境责任、市场责任、社会责任和客户责任等方面的重要议题信息，较好地发挥了报告沟通

的作用，如表 2-12 所示。

表 2-12　国内钢铁企业发布社会责任报告概况（2012~2013 年）

公司名称	首份年度报告（年）	报告份数（份）	2012 年报告页数（页）	2013 年报告页数（页）
宝钢集团	2008	6	98	90
河北钢铁	2008	6	55	49
武汉钢铁	2008	6	—	83
POSCO-China	2011	3	76	57
太原钢铁	2010	4	75	80

　　报告数据披露的第三方鉴证是保证报告数据信度的重要方式。目前，我国国内目标钢铁企业在社会责任报告中大多数没有申请进行外部审验。只有 POSCO-China、太原钢铁集团进行了第三方审验，与国际先进企业相比具有较大差距。

（二）报告内容不够完整，实质性有待增强

　　实质性是评估一份优秀社会责任报告的标准之一。报告实质性的增强对企业社会责任工作的管理有巨大的推进作用，既可以优化可持续发展战略，又可以通过对企业实质性议题的分析来识别企业的关注重点以规避风险。同时实质性议题也是对企业利益相关方关注重点最有效的回应。

　　在国内钢铁企业的报告中，大多数企业较为完整地披露了企业在绿色生产、绿色产品、循环经济、技术创新、员工安全与健康、供应链管理等行业核心议题方面的履责行动和绩效，但是对于实质性议题如何筛选的过程并没有进行披露，其中对于核心议题的梳理也缺少相应内容。

（三）报告表现形式比较单一，缺乏创新

　　国内钢铁企业的报告形式普遍比较单一，创新性不够，主要表现在三个方面：报告框架趋同；报告设计元素单一；报告内容枯燥，可读性较差。

　　报告框架趋同主要表现在，纵向对比样本企业 2011~2013 年企业社会责任报告发现，企业近三年社会责任报告的框架基本不变，报告框架趋同。以 2014 年中国企业社会责任蓝皮书中钢铁业的头名——宝钢集团 2011~2013 年企业社会责任报告框架为例，可以看到尽管在个别二级标题上有一些调整，但总体而言，宝钢集团 2011~2013 年企业社会责任报告框架呈现了极大的趋同性，如表 2-13 所示。

表 2-13 宝钢集团 2011~2013 年企业社会责任报告框架

一级标题	2011 年二级标题	2012 年二级标题	2013 年二级标题
诚信经营	公司治理 全面风险管理 审计体系 反腐倡廉	公司治理 审计体系 反腐倡廉	公司治理 审计体系 反腐倡廉
价值创造	直接经济表现 兼并重组 重点项目建设 技术与管理创新 技术交流与合作	直接经济表现 全面风险管理 重要项目 技术创新	直接经济表现 全面风险管理 重要项目 技术创新
环境经营	绿色愿景 绿色制造 绿色产品 绿色产业 绿色绩效	绿色制造 绿色产品 绿色产业 员工绿色理念及行动 绿色收获	绿色制造 绿色产品 绿色产业 员工绿色理念及行动 绿色收获
员工	为员工创造发展平台 薪酬福利 保护员工安全 员工沟通	员工发展 薪酬福利 安全保护 员工沟通	员工发展 薪酬福利 员工健康计划 安全保护 员工沟通
社会	捐赠总体情况 社区关系 社会奉献	捐赠总体情况 社区关系 社会奉献	捐赠总体情况 社区关系 社会奉献
供应链	与供应商共同发展 为用户提供优质服务	与供应商共同发展 为用户提供优质服务	与供应商共同发展 服务创造价值

报告的可读性是报告传递给读者最直观的感受。一份可读性优秀的社会责任报告应该具有清晰的信息定位、清楚的文字表达，在传递丰富信息的同时注重报告色彩和版式的设计。在对标的样本企业中，能够同时做到这几点的企业非常少，报告的可读性有较大的提升空间。

第三章 钢铁业社会责任议题

钢铁业具备自身行业特征，社会责任议题的一般指标并不能完全说明或衡量钢铁业的企业社会责任绩效。因而，在社会责任议题一般指标的基础上，我们研究开发了反映行业特性的指标体系。按照社会责任议题一般框架，通用指标体系由报告前言、责任管理、市场绩效、社会绩效、环境绩效与报告后记六部分组成（见图3-1）。而钢铁业社会责任指标体系在市场绩效、社会绩效和环境绩效方面与通用指标体系大有不同。

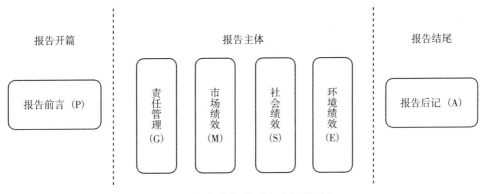

图 3-1　通用指标体系六大组成部分

一、市场绩效（M 系列）

一般框架指标		钢铁业指标	
股东责任（M1）	股东权益保护	股东责任（M1）	公司治理
	财务绩效		财务绩效

一般框架指标		钢铁业指标	
客户责任（M2）	基本权益保护	客户责任（M2）	基本权益保护
	产品质量		产品质量管理
	产品服务创新		产品研发创新
	客户满意度		创造客户价值
伙伴责任（M3）	促进产业发展	供应链责任（M3）	供应链合规管理
	价值链责任		价值链责任
	责任采购		责任采购

二、社会绩效（S 系列）

一般框架指标		钢铁业指标	
政府责任（S1）	守法合规	政府责任（S1）	守法合规
	政策响应		政策响应
员工责任（S2）	基本权益保护	员工责任（S2）	职业健康与安全
	薪酬福利		基本权益保护
	平等雇佣		薪酬福利
	职业健康与安全		平等雇佣
	员工发展		职业发展
	员工关爱		员工关爱
安全生产（S3）	安全生产管理	安全生产（S3）	安全生产管理
	安全教育与培训		安全教育与培训
	安全生产绩效		安全生产绩效
社区参与（S4）	本地化运营	社区责任（S4）	本地化运营
	公益慈善		社区发展
	志愿者活动		社会公益

三、环境绩效（E 系列）

一般框架指标		钢铁业指标	
绿色经营（E1）	环境管理体系	环境管理（E1）	环境管理体系
	环保培训		环境监控
	环境信息披露		环境应急管理
	绿色办公		环保培训
			绿色办公
绿色工厂（E2）	能源管理	绿色制造（E2）	能源管理
	清洁生产		水资源管理
	循环经济		应对气候变化
	节约水资源		固体废弃物管理
	减少温室气体排放		清洁生产
			节能减排
绿色产品（E3）	绿色供应链	绿色产品（E3）	绿色供应链
	绿色低碳产品研发		绿色低碳产品研发
	产品包装物回收再利用		
绿色生态（E4）	生物多样性	绿色产业（E4）	绿色社区
	生态恢复与治理		生态恢复与治理
	环保公益		环保公益

指 标 篇

第四章　报告指标详解

　　《指南3.0》中报告指标体系所包含的指标是未考虑行业特征性社会责任议题的一般指标，是分行业指标体系的基础。指标体系由六大部分构成：报告前言（P）、责任管理（G）、市场绩效（M）、社会绩效（S）、环境绩效（E）和报告后记（A），如图4-1所示。

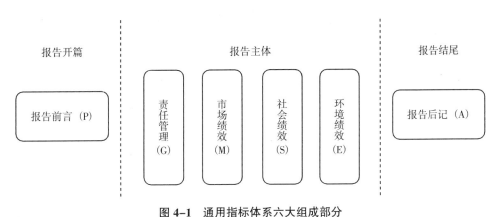

图4-1　通用指标体系六大组成部分

一、报告前言（P系列）

　　本板块依次披露报告规范、报告流程、高管致辞、企业简介（含公司治理概况）以及社会责任工作年度进展，如图4-2所示。

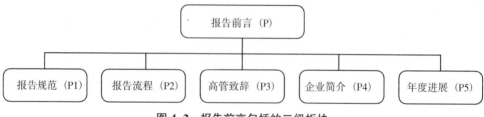

图 4-2　报告前言包括的二级板块

（一）报告规范（P1）

扩展指标　P1.1 报告质量保证程序

指标解读：规范的程序是社会责任报告质量的重要保证。报告质量保证程序是指企业在编写社会责任报告的过程中通过什么程序或流程确保报告披露信息正确、完整、平衡。

一般情况下，报告质量保证程序的要素包括三个方面：

（1）报告是否有第三方认证以及认证的范围；

（2）企业内部的哪个机构是报告质量的最高责任机构；

（3）在企业内部，报告的编写和审批流程。

示例

● 认证/评级

为确保披露信息与编写流程的权威性，POSCO 向独立认证机构——中国社会科学院企业社会责任研究中心中国企业社会责任报告评级专家委员会提出申请，获得了对本报告的评级报告。

——《中国浦项 2013 年社会责任报告》扉页

核心指标　P1.2 报告信息说明

指标解读：主要包括第几份社会责任报告、报告发布周期、报告参考标准和数据说明等。

示例

● 报告范围

本报告书为 POSCO-China 发行的第二本企业社会责任报告书。

● 报告标准

本报告书以中国社会科学院《CASS-CSR 3.0》为基准编写。报告内容提供中文版与韩文版 PDF 文档，利益相关者可通过访问 POSCO-China 官方网站下载。

——《中国浦项 2013 年社会责任报告》扉页

核心指标　P1.3 报告边界

指标解读：主要指报告信息和数据覆盖的范围，如是否覆盖下属企业、合资企业以及供应链。

由于各种原因（如并购、重组等），一些下属企业或合资企业在报告期内无法纳入社会责任报告的信息披露范围，企业必须说明报告的信息边界。此外，如果企业在海外运营，需在报告中说明哪些信息涵盖了海外运营组织；如果企业报告涵盖供应链，需对供应链信息披露的原则和信息边界做出说明。

示例

● 报告范围

本报告书为 POSCO-China 发行的第二本企业社会责任报告书，收录了 2013 年 1 月 1 日至 12 月 31 日定量、定性成果，鉴于部分案例的延续性，也包括了部分 2014 年度成果。定量性成果为了便于趋势性分析，提供了连续 3 年数据为标准。报告范围为包括 POSCO-China 在内的 26 家在华投资企业。

——《中国浦项 2013 年社会责任报告》扉页

核心指标　P1.4 报告体系

指标解读：主要指公司的社会责任信息披露渠道和披露方式。社会责任信息披露具有不同的形式和渠道。部分公司在发布社会责任报告的同时发布国别报告、产品报告、环境报告、公益报告等，这些报告均是企业披露社会责任信息的重要途径，企业应在社会责任报告中对这些信息披露形式和渠道进行介绍。

示例

● 文本语言和发布形式

报告以中、英文两种文字出版，若两种版本间有差异之处，请按中文版解读。对本报告的内容如有疑问或建议，欢迎来电或来函询问。

本报告以印刷品、电子文档形式发布，其中电子文档可在宝钢集团网站 (http：//www.baosteel.com/）及 APP STORE（宝钢阅览室）下载阅读。

——《宝钢集团 2013 年社会责任报告》扉页

核心指标　P1.5 联系方式

指标解读：主要包括解答报告及其内容方面问题的联络人及联络方式和报告获取方式及延伸阅读。

示例

● Contact Information

POSCO-China 对外协力部

地址：北京市朝阳区东三环北路霞光里 18 号佳程广场 A 座 17 层

电话：(010) 5166-6677（ext 176）

邮箱：posco-china@163.com

网站：www.posco-china.com

——《中国浦项 2013 年社会责任报告》扉页

（二）报告流程（P2）

扩展指标　P2.1 报告编写流程

指标解读：主要指公司从组织、启动到编写、发布社会责任报告的全过程。完整、科学的报告编写流程是报告质量的保证，也有助于利益相关方更好地获取报告信息。

示例

● 报告流程

社会责任报告编制流程

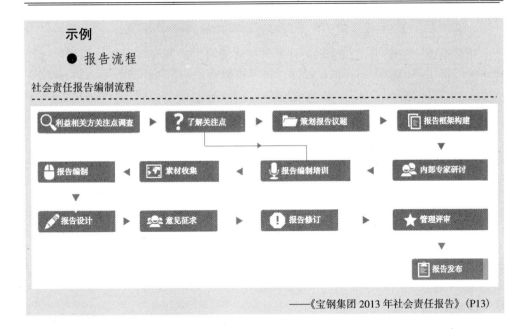

——《宝钢集团 2013 年社会责任报告》（P13）

核心指标　P2.2 报告实质性议题选择程序

指标解读：主要指在社会责任报告过程中筛选实质性议题的程序、方式和渠道，同时也包括实质性议题的选择标准。企业在报告中披露实质性议题选择程序，对内可以规范报告编写过程，提升报告质量，对外可以增强报告的可信度。

示例

为提升报告针对性与回应性，2013 年中国移动进一步完善了实质性分析模型，并开展相关方专项调研，识别筛选出最具实质性的年度关键议题。

识别阶段：基于内外部文献研究及第三方调查，识别出对中国移动意义重大的 22 项可持续发展议题。

评估阶段：开展关键相关方专项调查，通过座谈会、电话访谈及在线问卷等方式，邀请不同类别相关方代表对各项议题实质性进行打分，并听取意见建议。

筛选阶段：基于实质性评估打分结果对议题进行排序，筛选出具有较强实质性的议题，作为报告重点披露内容。

——《中国移动 2013 年可持续发展报告》（P7）

扩展指标   P2.3 利益相关方参与报告编写过程的程序和方式

指标解读：主要描述利益相关方参与报告编写方式和程序。利益相关方参与报告编写的方式和程序包括但不限于：

（1）利益相关方座谈会；

（2）利益相关方访谈与调研；

（3）利益相关方咨询等。

示例

2013 年宝钢继续通过官方网站、纸质问卷、电话访问等方式，针对社会责任关注点进行调查，以帮助各利益相关方了解公司信息。此次调查共发放问卷、进行访问 170 份/次，回收 138 份/次。

关注点排名前 10 项

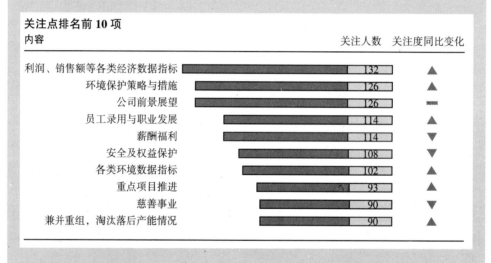

内容	关注人数	关注度同比变化
利润、销售额等各类经济数据指标	132	▲
环境保护策略与措施	126	▲
公司前景展望	126	▬
员工录用与职业发展	114	▲
薪酬福利	114	▼
安全及权益保护	108	▼
各类环境数据指标	102	▲
重点项目推进	93	▲
慈善事业	90	▼
兼并重组，淘汰落后产能情况	90	▲

根据调查结果，我们调整了信息披露的比例，增加数据披露量，努力回应、满足各利益相关方对关注信息的要求。

——《宝钢集团 2013 年社会责任报告》(P16)

（三）高管致辞 (P3)

高管致辞是企业最高领导对企业社会责任工作的概括性阐释。高管致辞代表了企业最高领导人（团队）对社会责任的态度和重视程度。包括两个方面的内容。

核心指标 P3.1 企业履行社会责任的机遇和挑战

指标解读：该指标主要描述企业实施社会责任工作的战略考虑及企业实施社会责任为企业带来的发展机遇。

示例

2013年，我们还成立了POSCO中国地区社会责任管理委员会，各法人公司选定CSR负责人并进行相关教育培训，使整个团队更富有责任心和凝聚力。纵观CSR体系，我们虽然取得了长足的进步，仍然有不足之处，例如供应链管理还不够系统化等薄弱环节。对此我们将针对相关利益相关方进行拜访或以其他方式加强沟通，持续改善，弥补不足之处。

——《中国浦项2013年社会责任报告》（P1）

核心指标 P3.2 企业年度社会责任工作成绩与不足的概括总结

指标解读：主要指企业本年度在经济、社会和环境领域取得了哪些关键绩效，以及存在哪些不足和需要改进的地方。

示例

● 持续推进投资创造工作岗位，坚持开展为优秀人才而设立的奖学金事业。积极推进诸如在延边为传承少数民族文化遗产设立文化基金、为因天灾而遭受创伤的地区成立救灾基金、各法人公司在所在地周边针对弱势群体的公益活动等。

● 鼓励成立工会并使其活跃化，促使员工和高层领导的交流更加顺畅，完善内部教育体系以培养全球化人才，加强安全事故演练及培训力度保障员工生命安全等，做到以人为本，为所有员工能够在工作与生活中享受幸福而提供保障。

● 设立Techincal Center（技术中心）提高客户价值以及应对市场的效率，向客户提供产品设计、优化加工工序等支援，实现与客户的共赢。通过独立的机构进行客户满意度调查，分析并改善不足之处努力提高服务水平。

——《中国浦项2013年社会责任报告》（P1）

(四) 企业简介 (P4)

核心指标　P4.1 企业名称、所有权性质及总部所在地

指标解读：主要介绍企业的全称、简称，企业所有权结构，以及企业总部所在的省市。

> **示例**
>
> 企业名称：POSCO 韩国浦项集团
>
> 所有权性质：外商全资
>
> 总部所在地：韩国庆尚北道浦项市
>
> 在华机构：50 家法人
>
> 在华职员：5343 人
>
> 在华投资总额：43 亿美元
>
> ——《中国浦项 2013 年社会责任报告》(P3)

核心指标　P4.2 企业主要品牌、产品及服务

指标解读：通常情况下，企业对社会和环境的影响主要通过其向社会提供的产品和服务实现。因此，企业应在报告中披露其主要品牌、产品和服务，以便于报告使用者全面理解企业的经济、社会和环境影响。

> **示例**
>
> 公司主导产品包括不锈钢、冷轧硅钢、铁路用钢、高强韧钢等。公司致力于建设全球极具品种特色的精品基地。目前公司 28 个品种国内市场占有率第一，36 个品种填补国内空白，替代进口。
>
> ——《太原钢铁集团 2013 年社会责任报告》(P5)

核心指标　P4.3 企业运营地域及运营架构，包括主要部门、运营企业、附属及合营机构

指标解读：企业运营地域、运营企业界定了其社会和环境影响的地域和组织，因此，企业在报告中应披露其运营企业，对于海外运营企业还应披露其运营地域。

示例

——《中国浦项 2013 年社会责任报告》（P3）

核心指标 P4.4 按产业、顾客类型和地域划分的服务市场

指标解读：企业的顾客类型、服务地域和服务市场界定了其社会和环境影响的范围，因此，企业应在报告中披露其服务对象和服务市场。

示例：参与法人

界定标准	收录内容	行业	序号	企业全称	简称
POSCO在华控股公司具备经营权	A 类：战略和运营数据	地区总部	1	浦项（中国）投资有限公司	POSCO-China
		钢铁生产型	2	张家港浦项不锈钢有限公司	ZPSS
			3	青岛浦项不锈钢有限公司	QPSS
			4	广东顺德浦项钢板有限公司	顺德浦项
			5	广东浦项汽车板有限公司	CGL

续表

界定标准	收录内容	行业	序号	企业全称	简称
POSCO在华控股公司具备经营权	A类：战略和运营数据	钢材加工型	6	浦项（天津）钢材加工有限公司	CTPC
			7	浦铁（青岛）钢材加工有限公司	CQPC
			8	浦项（佛山）钢材加工有限公司	CFPC
			9	浦项（重庆）汽车配件制造有限公司	CCPC
			10	浦项（苏州）汽车配件制造有限公司	CSPC
			11	浦项（芜湖）汽车配件制造有限公司	CWPC
			12	浦项（辽宁）汽车配件制造有限公司	CLPC
			13	浦项（烟台）汽车配件制造有限公司	CYOC
			14	浦项长兴（大连）板材加工有限公司	CDPPC
			15	浦项通钢（吉林）钢材加工有限公司	CJPC
			16	苏州浦项科技有限公司	Core
			17	青岛浦金钢材有限公司	QPC
		贸易类	18	大宇（中国）有限公司	大宇中国
			19	大宇（上海）贸易有限公司	大宇上海
			20	大宇（广州）贸易有限公司	大宇广州
			21	香港浦亚实业有限公司	POA
		ICT类	22	浦项爱希谛（北京）科技有限公司	ICT-China
			23	大连浦项东方科技有限公司	ICT-Dalian
	B类：战略和管理方法	建设类	24	浦项建设（中国）有限公司	E&C-China
			25	珲春浦项现代国际物流园区开发有限公司	珲春浦项
		有色金属	26	浦项（包头）永新稀土有限公司	包头永新

——《中国浦项 2013 年社会责任报告》（P13）

核心指标　P4.5 按雇佣合同（正式员工和非正式员工）和性别分别报告员工总数

指标解读：从业人员指年末在本企业实际从事生产经营活动的全部人员。包括在岗的职工（合同制职工）、临时工及其他雇佣人员、留用人员，不包括与法人单位签订劳务外包合同的人员，同样不包括离休、退休人员。

示例

报告期内员工总数为 5343 人。

——《中国浦项 2013 年社会责任报告》（P16）

<u>扩展指标</u> P4.6 列举组织在协会、国家或国际组织中的会员资格或其他身份

指标解读：企业积极参与协会组织以及国际组织，一方面是企业自身影响力的表现，另一方面可以发挥自身在协会等组织的影响力，带动其他企业履行社会责任。

示例

公司是联合国全球契约正式成员，认可并努力遵守全球契约十项原则。同时，公司作为全球报告倡议组织（GRI）相关方网络成员（OS）的首批中国会员，积极参与和支持全球可持续发展报告标准研究与制定，并作为中国内地唯一企业参与 G4 Pioneer 项目。

——《中国移动 2013 年可持续发展报告》（P3）

<u>扩展指标</u> P4.7 报告期内关于组织规模、结构、所有权或供应链的重大变化

指标解读：主要指企业发生重大调整的事项。企业改革往往对企业本身和利益相关方产生深远影响，企业披露重大调整事项有助于加强利益相关方沟通及寻求支持。

示例

（一）总部组织机构重大调整事项

①为适应宝钢从钢铁到材料的战略转型，加强研发资源在集团层面的共享与协同，在已有研发平台基础上，于 2012 年 6 月 19 日组建中央研究院。②为进一步优化总部职能，于 2012 年 4 月 21 日撤销发展改革部，其撤销前承担的职责由公司相关职能直接覆盖。

（二）业务单元重大调整事项

①推进宝山地区钢铁产业结构调整。成立上海宝钢不锈钢有限公司、宝钢特钢有限公司，分别收购宝钢股份不锈钢事业部、特钢事业部土地及相关资产；同时组建宝钢不锈钢有限公司、宝钢特种材料有限公司，作为不锈钢、特钢产业持续运营主体。②作为广东地区钢铁产业布局的重要步骤，公司完成对韶关钢铁资产重组工作。

——《宝钢集团 2012 年社会责任报告》（P11）

（五）年度进展（P5）

年度进展主要包括报告期内企业社会责任工作的年度绩效对比表、关键绩效数据表以及报告期内企业所获荣誉列表。社会责任工作绩效对比表主要从定性的角度描述企业社会责任管理及社会责任实践组织机构、规章制度的完善以及管理行为的改进等；关键绩效数据表从定量的角度描述企业社会责任工作取得的可以数量化的工作成效；报告期内公司荣誉表对报告期内企业所获荣誉进行集中展示。

核心指标 P5.1 年度社会责任重大工作

指标解读： 年度社会责任工作进展主要指从战略行为和管理行为的角度出发，企业在报告年度内做出的管理改善，包括但不限于：

（1）制定新的社会责任战略；

（2）建立社会责任组织机构；

（3）在社会责任实践领域取得的重大进展；

（4）下属企业社会责任重大进展等。

示例

张晓刚当选国际标准化组织（ISO）主席

2013 年 9 月 20 日，在俄罗斯圣彼得堡举行的第 36 届国际标准化组织（ISO）大会上，鞍钢集团总经理张晓刚当选为 ISO 新一任主席，任期为2015~2017 年，这是中国人首次执掌该组织。张晓刚当选 ISO 主席，是我国参与国际标准化活动历史性的突破，将有力地推动我国标准化事业的发展，对推动我国技术标准成为国际标准，显著提升我国在国际标准化活动中的影响力，在"打造中国经济升级版，实现质量强国梦"中更好地发挥支撑作用具有重大意义。

——《鞍钢集团 2013 年可持续发展报告》（P14）

核心指标 P5.2 年度责任绩效

指标解读： 年度责任绩效主要从定量的角度出发披露公司在报告期内取得的重大责任绩效，包括但不限于以下内容：

（1）财务绩效；

（2）客户责任绩效；

（3）伙伴责任绩效；

（4）员工责任绩效；

（5）社区责任绩效；

（6）环境责任绩效等。

示例

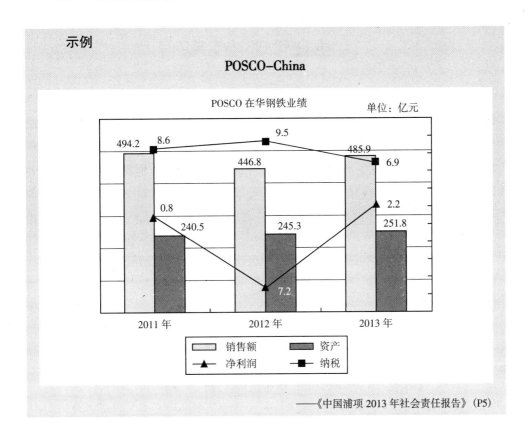

POSCO-China

POSCO 在华钢铁业绩　　　　单位：亿元

——《中国浦项 2013 年社会责任报告》（P5）

核心指标 P5.3 年度责任荣誉

指标解读：年度责任荣誉主要指公司在报告期内在责任管理、市场责任、社会责任和环境责任方面获得的重大荣誉奖项。

示例

POSCO-China

● 中国红十字会"中国红十字人道服务奖章"、"博爱奖牌"。

● 中国社会科学院中国外资企业 100 强企业社会责任企业指数第四名。

● POSCO 在华企业社会责任，外资企业排名第四，成为上升幅度最大的企业。

——《中国浦项 2013 年社会责任报告》(P6)

二、责任管理（G 系列）

有效的责任管理是企业实现可持续发展的基石。企业应该推进企业社会责任管理体系的建设，并及时披露相关信息。根据最新研究成果，[①] 企业社会责任管理体系包括责任战略、责任治理、责任融合、责任绩效、责任沟通和责任能力六大部分。其中，责任战略的制定过程实际上是企业社会责任的计划（Plan，P）；责任治理、责任融合的过程实际上是企业社会责任的执行（Do，D）；责任绩效和

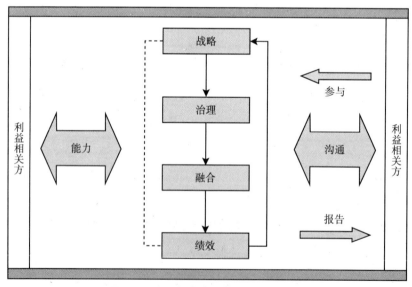

图 4-3　企业社会责任管理的六维框架

① 该框架系国资委软课题《企业社会责任推进机制研究》成果，课题组组长：彭华岗，副组长：楚序平、钟宏武，成员：侯洁、陈锋、张璟平、张蕙、许英杰。

报告是对企业社会责任的评价（Check，C）；调查、研究自己社会责任工作的开展情况、利益相关方意见的反馈以及将责任绩效反馈到战略的过程就是企业社会责任的改善（Act，A）。这六项工作整合在一起构成了一个周而复始、闭环改进的 PDCA 过程，推动企业社会责任管理持续发展。

（一）责任战略（G1）

社会责任战略是指公司在全面认识自身业务对经济社会环境影响、全面了解利益相关方需求的基础上，制定明确的社会责任理念、核心议题和社会责任规划。

核心指标　G1.1 社会责任理念、愿景及价值观

指标解读：该指标描述企业对经济、社会和环境负责任的经营理念、愿景及价值观。

责任理念是企业履行社会责任的内部驱动力和方向，企业应该树立科学的社会责任观，用于指导企业的社会责任实践。

示例

POSCO 迎接宣布伦理经营 10 周年，在 2013 年 6 月 24 日提出企业应执行的新伦理经营的模型，举行了新伦理经营宣布仪式。POSCO 为树立新伦理经营的方向，通过任员伦理实践保证大会和新伦理经营会议，收集了各界专家和利害关系人的意见，把新伦理经营定义为"幸福经营"。

VISION：共创幸福、更加美好的明天！

核心价值：

● 未来：创造更好的未来、更幸福的未来，经营为了健康明亮的世界，全球层面上的沟通合作，创造幸福未来。

● 公益：重视全体利益和社会的幸福经营，相对一个企业的短期利益，更加重视生态全体利益经营，贡献于社会的幸福。

● 共生：与全体利害关系人共同成长发展的经营，与所有利害关系人共同成长和发展，共创幸福的职场。

——《中国浦项 2013 年社会责任报告》（P9）

扩展指标 G1.2 企业签署的外部社会责任倡议

指标解读：企业签署外部社会责任倡议体现了其对社会责任的重视，同时，外部社会责任倡议也是公司履行社会责任的外部推动力。

示例

中国移动秉承"正德厚生 臻于至善"的核心价值观，真诚践行"以天下之至诚而尽己之性、尽人之性、尽物之性"的企业责任观，追求企业与利益相关方在经济、社会与环境方面共同可持续发展。

公司是联合国全球契约正式成员，认可并努力遵守全球契约事项原则。同时，公司作为全球报告倡议组织（GRI）相关方网络（OS）的首批中国会员，积极参与和支持全球可持续发展报告标准研究与制定，并作为中国内地唯一企业参与 G4 Pioneer 项目。

——《中国移动 2013 年可持续发展报告》(P4)

核心指标 G1.3 辨识企业的核心社会责任议题

指标解读：本指标主要描述企业辨识社会责任核心议题的工具和流程，以及企业的核心社会责任议题包括的内容。企业辨识核心社会责任议题的方法和工具包括但不限于：

（1）利益相关方调查；

（2）高层领导访谈；

（3）行业背景分析；

（4）先进企业对标等。

示例

2013 年报告议题确定方法

社会责任报告议题收集——我们继续通过多种方式收集报告议题。

● 管理层建议社会责任议题

● 内外部专家分析提出议题

● 向各单位收集社会责任议题

● 向外部利益相关方收集议题

● 对标社会责任标准中的议题

社会责任报告议题确定——我们继续应用"价值创造—社会关注"二维矩阵选择报告议题。

● 对综合价值创造结果影响显著的议题

● 关键利益相关方高度关注的议题

● 社会普遍关注的议题

● 社会责任标准普遍强调的议题

● 公司重点沟通的电网企业特色议题

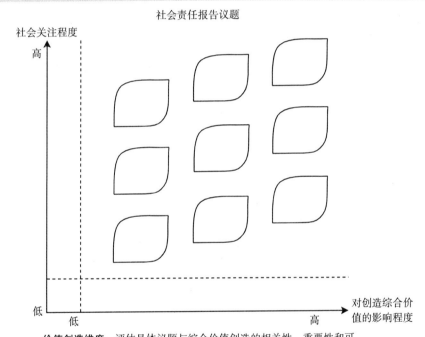

社会责任报告议题

价值创造维度：评估具体议题与综合价值创造的相关性、重要性和可行性（评估过程统筹考虑公司和利益相关方的资源、能力和优势）。

社会关注维度：评估社会和利益相关方对具体议题的关注程度（评估过程充分考虑社会责任标准对议题的关注程度）。

——《国家电网公司 2013 年社会责任报告》扉页

扩展指标 G1.4 企业社会责任规划

指标解读：社会责任规划是企业社会责任工作的有效指引。本指标主要描述企业社会责任工作总体目标、阶段性目标、保障措施等。

示例

为全面系统推进社会责任工作，编制《中国联通社会责任发展规划2014~2016》，明确公司社会责任工作目标和路径，做好未来工作的顶层设计，制定好统筹实施方案。确定了未来 3 年公司着力提升的六项社会责任管理重点，以及七大社会责任核心议题。

——《中国联通 2013 年社会责任报告》(P12)

（二）责任治理（G2）

CSR 治理是指通过建立必要的组织体系、制度体系和责任体系，保证公司CSR 理念得以贯彻，保证 CSR 规划和目标得以落实。

扩展指标　G2.1 社会责任领导机构

指标解读：社会责任领导机构是指由企业高层领导（通常是企业总裁、总经理等高管）直接负责的、位于企业委员会层面最高的决策、领导、推进机构，例如社会责任委员会、可持续发展委员会、企业公民委员会等。

示例

为有效提高 POSCO 中国地区社会责任工作的水平和质量，2013 年 7 月公司成立了社会责任委员会，全面负责 POSCO Family 在华社会责任在统一理念下的执行，涵盖了计划、实践、监督、评价、宣传等一系列企业社会责任领域的具体业务。

——《中国浦项 2013 年社会责任报告》(P11)

扩展指标　G2.2 利益相关方与企业最高治理机构之间沟通的渠道或程序

指标解读：利益相关方与最高治理机构之间的沟通和交流是利益相关方参与的重要内容和形式。企业建立最高治理机构和利益相关方之间的沟通渠道有助于从决策层高度加强与利益相关方的交流，与利益相关方建立良好的伙伴关系。

核心指标　G2.3 建立社会责任组织体系

指标解读：本指标主要包括以下两个方面的内容：明确或建立企业社会责任工作的责任部门；企业社会责任工作部门的人员配置情况。

一般而言，社会责任组织体系包括以下三个层次：

（1）决策层，主要由公司高层领导组成，负责公司社会责任相关重大事项的审议和决策；

（2）组织层，公司社会责任工作的归口管理部门，主要负责社会责任相关规划、计划和项目的组织推进；

（3）执行层，主要负责社会责任相关规划、计划和项目的落实执行。

示例

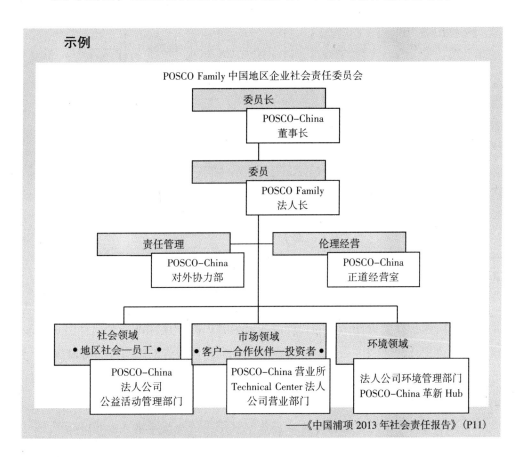

——《中国浦项 2013 年社会责任报告》（P11）

核心指标　G2.4 社会责任组织体系的职责与分工

指标解读：由于社会责任实践由公司内部各部门具体执行，因此，在企业内部必须明确各部门的社会责任职责与分工。

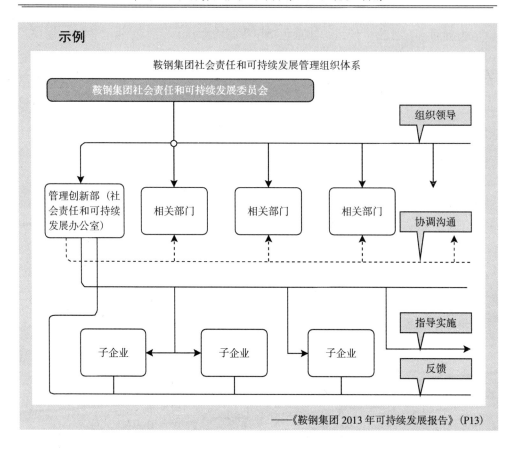

示例

鞍钢集团社会责任和可持续发展管理组织体系

——《鞍钢集团 2013 年可持续发展报告》（P13）

扩展指标 G2.5 社会责任管理制度

指标解读：社会责任工作的开展落实需要有力的制度保证。企业社会责任制度包括社会责任沟通制度、信息统计制度、社会责任报告的编写发布等制度。

示例

武钢股份制定《信息披露管理办法》、《年报信息披露重大差错责任追究制度》等一系列符合监管要求的披露机制，披露对投资者做出投资决策有重大影响的信息。

——《武汉钢铁集团 2013 年社会责任报告》（P17）

（三）责任融合（G3）

责任融合是指企业将 CSR 理念融入企业经营发展战略和日常运营，包括推动下属企业履行社会责任、推动供应链合作伙伴履行社会责任两个方面。

扩展指标　G3.1 推进下属企业履行社会责任

指标解读：本指标主要描述企业下属企业的社会责任工作情况，包括下属企业发布社会责任报告、对下属企业进行社会责任培训、在下属企业进行社会责任工作试点、对下属企业社会责任工作进行考核与评比等。

示例

能力建设

● 系统学习：公司社会责任工作委员会及相关人员组织学习中国工业经济联合会、国务院国有资产监督管理委员会、山西省工业经济联合会以及全球报告倡议组织（GRI）、全球契约组织等社会责任报告相关文件，进一步推动完善和规范公司社会责任报告框架体系和内容。

● 业务培训：公司在管理运营中注重加强社会责任管理及培训，注重将社会责任理念和意识贯穿于经营管理的全过程。公司中层以上管理人员普遍接受了一次社会责任基本知识业务培训。公司各子（分）公司、部分社会责任工作联络人员参加公司组织的业务指导和培训。

● 公众宣传：公司网站首页开辟"社会责任"一级栏目，分"社会责任管理体系"、"经营绩效"、"绿色行动"、"利益相关方"、"公益行动"和"社会责任报告"等专题，系统介绍公司社会责任管理体系各项活动成果，展示公司扎实履行社会责任、回报社会关爱的情况。

● 案例征集：公司社会责任工作委员会办公室继续开展社会责任案例征集和宣传活动，全公司各子（分）公司、部门征集社会责任典型案例36个，进一步丰富了公司社会责任的内涵。

● 经验交流：4月12日，山西省工经联举办陕西工业企业社会责任报告编制培训班，公司社会责任报告委员会办公室（企业文化部）负责人应邀到会介绍公司推进社会责任管理体系、科学编制企业社会责任报告的经验和做法，受到好评。

——《太原钢铁集团2013年社会责任报告》(P13)

<u>扩展指标</u> G3.2 推动供应链合作伙伴履行社会责任

指标解读： 本指标包括描述企业对合作机构、同业者以及其他组织履行社会责任工作的倡议，推进下游供应链企业的社会责任意识。

> **示例**
>
> POSCO 致力于与供应商一同切实履行作为企业公民的社会责任。安全方面：创建安全标准化二级单位，要求所有进入厂区的供应商严格遵守公司安全管理规范。环保方面：创建 ISO14001 体系，要求供应商必须按体系要求提供商品和服务。社会贡献方面：邀请客户单位共同参加社会贡献活动。
>
> ——《中国浦项 2013 年社会责任报告》(P44)

（四）责任绩效（G4）

CSR 绩效是指企业建立社会责任指标体系，并进行考核评价，确保社会责任目标的实现。

<u>扩展指标</u> G4.1 构建企业社会责任指标体系

指标解读： 本指标主要描述企业社会责任评价指标体系的构建过程和主要指标。建立社会责任指标体系有助于企业监控社会责任的运行情况。

> **示例**
>
> 公司借鉴钢铁行业和相关行业中外优秀企业的经验，持续完善社会责任管理体系、工作体系和指标体系。报告期内，公司社会责任委员会调整社会责任指标 4 个，新增指标 6 个。
>
> ——《太原钢铁集团 2013 年社会责任报告》(P12)

<u>扩展指标</u> G4.2 依据企业社会责任指标进行绩效评估

指标解读： 本指标主要描述企业运用社会责任评价指标体系，对履行企业社会责任的绩效进行评价的制度、过程和结果。

> **示例**
>
> 中国电信建立由 6 个方面、12 个维度、47 个关键绩效指标组成的社会

责任指标管理体系，2013年对标同行业先进水平，修订客户责任等指标要求，相关指标纳入对省级公司的年度绩效考核。

——《中国电信2013年社会责任报告》(P18)

扩展指标　G4.3 企业社会责任优秀评选

指标解读：本指标主要描述企业内部的社会责任优秀单位、优秀个人评选或优秀实践评选相关制度、措施及结果。

示例

宝钢选送的"公益需要信任和托付"案例入选国资委"2013中央企业优秀社会责任实践"。此外，2013年宝钢开展了第二届宝钢社会责任案例评选活动，经过申报、专家评选、网上投票等步骤，各产业板块推荐的12个案例入选宝钢社会责任优秀案例。

宝钢股份	VSS可视化汽车用钢需求拉动跟踪系统
宝钢股份	追求人与环境的高度和谐
宝钢股份	实现钢渣"吃干榨尽"
八一钢铁	坚决走高碳企业的低碳之路
宁波钢铁	树立环保形象，践行社会责任
宝钢不锈	变废为宝，不锈钢传递"钢铁温暖"
宝钢资源	建设绿色矿山，践行社会责任
宝钢金属	春天里—宝钢金属家庭日活动
宝钢工程	实施能源管理项目，大幅提升社会公益
宝钢化工	赤诚服务，努力奉献，建设和谐社区
宝钢发展	让城市更环保

——《宝钢集团2013年社会责任报告》(P14)

核心指标　G4.4 企业在经济、社会或环境领域发生的重大事故，受到的影响和处罚以及企业的应对措施

指标解读：如果报告期内企业在经济、社会或环境等领域发生重大事故，企业应在报告中进行如实披露，并详细披露事故的原因、现状和整改措施。

示例

"11·22" 东黄输油管道泄漏爆炸特别重大事故

2013 年 11 月 22 日 10 时 25 分，位于山东省青岛市经济技术开发区的中国石化管道储运分公司东黄输油管道泄漏原油进入市政排水暗渠，在形成密闭空间的暗渠内油气积聚遇火花发生爆炸，造成 62 人死亡、136 人受伤，直接经济损失 75172 万元。

● 快速反应，全力进行事故处理

爆炸发生后，中国石化启动一级响应，董事长傅成玉立即率工作组赶赴现场，并调集管道公司专业力量、山东省境内石化企业抢险救援力量，在现场指挥部组织下开展人员搜救、抢险救援、善后处理、可燃气体监测、海上漏油清理等工作。中国石化共派出 24 台应急消防车、142 名消防员、5 支工程抢险队伍近 600 人参与现场抢险，3 艘海上清污船近 100 人参与海上清理。

公司决定，将 11 月 22 日确定为中国石化安全生产警示日，以告慰逝者，警示后人。在每年的 11 月 22 日，中国石化全体员工向事故遇难者默哀。11 月 28 日 10 时 30 分，中国石化百万员工对 "11·22" 青岛东黄复线泄漏爆炸事故遇难者深切悼念。

● 防患未然，全面深入排查隐患

中国石化贯彻落实习近平总书记讲话精神，牢固树立 "发展不能以牺牲人的生命为代价"、"一切事故都可避免" 的安全发展理念，严格落实安全生产责任制，迅速启动全国范围内的安全生产大检查和管网隐患排查。油田、炼化、销售、工程等板块共组成 44 个检查组，对各类管网开展全面深入的风险排查，查出各类隐患问题 5309 项。公司将系统研究隐患治理方案，加紧落实。

同时，完善安全环保事件（事故）信息报告和处置规定，确保突发事件报告及时准确。开展突发事件应急预案修订完善工作，提高预案的全面性、针对性和科学性。

● 深刻反思，打造安全生产长效机制

中国石化认真吸取事故教训，切实提高对安全工作极端重要性的认识，坚持依法治企、从严管理，打牢安全发展根基，全面提升本质安全水平。

——《中国石油化工集团公司 2013 年社会责任报告》(P28)

（五）责任沟通（G5）

责任沟通是指企业就自身社会责任工作与利益相关方开展交流，进行信息双向传递、接收、分析和反馈。

核心指标 G5.1 企业利益相关方名单

指标解读： 利益相关方是企业的履责对象，企业必须明确自身经营相关的利益相关方，并在报告中列举利益相关方名单。

示例

- 政府（中国政府和业务所在地政府）出资者代表国务院国资委
- 员工
- 用户（购买武钢任何产品或服务的直接用户）
- 战略合作伙伴（与武钢签署战略合作、合资、合营的法人）
- 供应商
- 社区
- 环境
- 非政府机构和组织
- 关心公司发展的媒体、团体和个人

——《武汉钢铁集团 2013 年社会责任报告》(P19)

扩展指标 G5.2 识别及选择核心利益相关方的程序

指标解读： 由于企业利益相关方众多，企业在辨识利益相关方时必须采用科学的方法和程序。

示例

利害关系人类别	影响力高低	沟通管道
员工（现职员工、员工眷属）	5	E-mail、电话专线、异言堂网站、劳资协商会议

续表

利害关系人类别	影响力高低	沟通管道
客户（一般客户、企业客户）	5	客服专线、服务中心
监管机关（NCC、立法院交通委员会）	5	E-mail、公文、会议、电话、专程拜访
投资人（股东、机构投资人）	3	股东专线、IR 网站、定期举办法说会及 Roadshow
合作伙伴（供应商、承包商）	2	E-mail、电话专线、供应商大会
媒体	5	E-mail、电话专线、新闻稿、记者会
小区/NGOs/NPOs	4	E-mail、电话专线、利害关系人座谈会
同业	2	公文、会议

——《中国电信 2012 年企业社会责任报告书》（P12）

核心指标　G5.3 利益相关方的关注点和企业的回应措施

指标解读：本指标包含两个方面的内容：①对利益相关方的需求及期望进行调查；②阐述各利益相关方对企业的期望以及企业对利益相关方期望进行回应的措施。

示例

公司注重搭建与各级政府、投资者、员工、客户、供应商、社区、公众及非政府组织间的沟通渠道，让各方更多地了解公司，积极支持公司事业的发展。

利益相关方	沟通形式	目标
政府	● 定期汇报、接受监督检查、调研、考察、座谈、拜访、会晤、公众媒体等	● 加强联系，友好合作，确保公司经营活动严格遵守法律法规和政策规定
投资者	● 上市公司、股东大会、董事会、信息披露、季度报告、年度报告、公司公告、公司网站、公众媒体、在线交流、邮件、信函、电话、接待来访等	● 确保投资者充分享有法律法规规定的各项权益，真诚听取各方意见，回报投资者，为投资者创造最大价值
员工	● 职代会、工作会、座谈会、民主接待日、合理化建议征集、信访接待、企业内部媒体、网络、在线倾听、学习培训、表彰奖励等	● 听取员工意见建议、改进工作；维护员工合法权益、调动工作积极性；打通员工成长通道，实现员工与公司共同成长
客户	● 定期走访、用户座谈会、产品展览会、新产品推介会、业务交流沟通、技术咨询服务、技术培训交流、热线电话服务、电子信息平台、公众媒体等	● 关注客户需求、持续改进，提供更全更好更快的解决方案，提供价格合理、质量优良的产品以及优质的服务，为客户创造增值和超值服务

利益相关方	沟通形式	目标
供应商	● 现场考察、战略合作、定期走访、征求意见、热线电话服务、电子信息平台、公众媒体等	● 构建安全、稳定、可靠的战略供应链，实现公正公平、长期合作、共同发展
社区	● 文化活动进社区、文化体育活动、"公众开放日"、参观、座谈、互访、共建活动、公众媒体等	● 丰富社区业余文化生活，增强社区居民对公司的理解、信任、赢得尊重
公众	● "公众开放日"、展览会、慈善捐助、赈灾、济困、助学、志愿者主题服务活动、公众媒体等	● 维护市场秩序、引导科学消费，传播绿色发展理念、推广绿色发展成果，推动全社会可持续发展；参与公益事业、带头履行社会责任、真诚回报社会
非政府组织	● 参与活动，缴纳会费，承办、协办或参与会议，走访交流、媒体沟通等	● 及时、真实、主动公开各界关心的信息，做到真实客观，不隐瞒，不欺骗，以真诚赢得信任和尊重

——《太原钢铁集团 2013 年社会责任报告》(P14)

核心指标 **G5.4 企业内部社会责任沟通机制**

指标解读：本指标主要描述企业内部社会责任信息的传播机制及媒介。企业内部社会责任沟通机制包括但不限于：

（1）内部刊物，如《社会责任月刊》、《社会责任通讯》等；

（2）在公司网站建立社会责任专栏；

（3）社会责任知识交流大会；

（4）CSR 内网等。

示例

● 内部沟通制度

POSCO Family 中国 CSR 担当 Workshop 制度：2 次/年（CSR 专业培训，信息共享）

POSCO 中国地区公益活动统一管理系统运营（公益活动信息实时共享及推广）

——《中国浦项 2013 年社会责任报告》(P11)

核心指标　　G5.5 企业外部社会责任沟通机制

指标解读：本指标主要描述企业社会责任信息对外部利益相关方披露的机制及媒介，如发布社会责任报告、召开及参加利益相关方交流会议、工厂开放日等。

示例

● 社会责任报告发布

2013 年 7 月 30 日，宝钢举行 2012 年宝钢集团社会责任报告发布会暨第三代汽车高强钢全球首发仪式。此次发布会以"友爱"为主线，展示公司在员工发展、社会公益（社区）和提升价值创造能力三个领域的实践。发布会还以宝钢官方微博"友爱的宝钢"直播和现场微博大屏幕的方式，邀请社会公众参与互动，众多网友热情参与，互动内容通过现场电视屏幕同步滚动呈现。各利益相关方代表出席了发布会。

——《宝钢集团 2013 年社会责任报告》(P15)

核心指标　　G5.6 企业高层领导参与的社会责任沟通与交流活动

指标解读：本指标主要描述企业高层领导人参加的国内外社会责任会议，以及会议发言、责任承诺等情况。

> **示例**
>
> ### 出席二〇一三夏季达沃斯论坛
>
> 2013 年 9 月 11~13 日，宝钢集团有限公司董事长徐乐江参加了夏季达沃斯论坛，并再次出任资源峰会联席主席，与全球知名企业领袖、权威专家以及各界嘉宾共论企业创新、探讨金属行业上下游、可持续发展等话题。
>
> ——《宝钢集团 2013 年社会责任报告》(P15)

（六）责任能力（G6）

责任能力是指企业通过开展社会责任课题研究、参与社会责任交流和研讨活动提升组织知识水平；通过开展社会责任培训与教育活动提升组织员工的社会责任意识。

扩展指标 G6.1 开展 CSR 课题研究

指标解读：由于社会责任是新兴课题，企业应根据社会责任理论与实践的需要自行开展社会责任调研课题，把握行业现状和企业自身情况，以改善企业社会责任管理，优化企业社会责任实践。

> **示例**
>
> ● CSR 课题研究
>
> 2013 年，宝钢根据中央企业管理提升的总体要求，在企业社会责任研究方面有针对性地开展了《环境经营年度绩效分析及提升方向研究》和《2012年国内主要钢企社会责任现状评估与趋势分析》两项课题研究。
>
> ——《宝钢集团 2013 年社会责任报告》(P14)

扩展指标 G6.2 参与社会责任研究和交流

指标解读：本指标主要指企业通过参与国内外、行业内外有关社会责任的研讨和交流、学习、借鉴其他企业和组织的社会责任先进经验，进而提升本组织的社会责任绩效。

示例

与浦项开展节能减排技术交流

2013 年 11 月，宝钢—浦项举行节能减排技术交流会。围绕企业可持续发展主题，就钢铁行业环境政策、余热回收利用研发与应用、电厂能源效率改善和提升、空气清洁技术与问题解决，以及固体废弃物综合利用等专题进行了深入交流和探讨，并达成共识。

PM2.5 监测、碳排放管理、能源效率提升、中低温余热回收等，是此次双方交流研讨中的"热词"，也为今后双方的技术交流提出了新课题和新方向。双方一致表示，要以开放的心态，加强信息沟通，共同探索钢铁工业可持续发展的途径，共创美好的未来。

——《宝钢集团 2013 年社会责任报告》(P14)

扩展指标 　 G6.3 参加国内外社会责任标准的制定

指标解读：企业参加国内外社会责任标准的制定，一方面促进了自身社会责任相关议题的深入研究，另一方面提升了社会责任标准的科学性、专业性。

核心指标 　 G6.4 通过培训等手段培育负责任的企业文化

指标解读：企业通过组织、实施社会责任培训计划，提升员工的社会责任理念，使员工成为社会责任理念的传播者和实践者。

示例

● 社会责任培训

2013 年 12 月，宝钢举办社会责任报告编写研修班，此次培训聚焦宝钢社会责任报告主题——"构筑共享价值"，来自集团公司总部和分（子）公司近 50 名报告编写人员参与研修，共同提升社会责任报告编写能力。国务院国资委研究局研究一处副处长陈锋作《社会责任报告编写新标准》解读，深入浅出地讲解了央企社会责任报告编写和社会责任工作推进情况。宝钢人才开发首席研究员陈坚钢从对标的角度对宝钢和其他优秀公司的社会责任报告进行了深入的解读和分析。宝钢工程技术集团作为 2012 年首次编写社会责任报告的子公司，分享了社会责任报告编写的心得体会。

——《宝钢集团 2013 年社会责任报告》(P14)

三、市场绩效（M 系列）

市场绩效描述企业在市场经济中负责任的行为。企业的市场绩效责任可分为对自身健康发展的经济责任和对市场上其他利益相关方（主要是客户和商业伙伴）的经济责任，如图 4-4 所示。

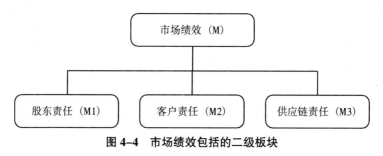

图 4-4　市场绩效包括的二级板块

（一）股东责任（M1）

股东责任主要包括股东权益保障机制与资产保值增值两个方面，其中股东权益保障机制用股东参与企业治理的政策和机制、保护中小投资者利益和规范信息披露进行表现，资产保值增值用资产的成长性、收益性和安全性三个指标进行表现。

1. 公司治理

核心指标　M1.1 股东参与企业治理的政策和机制

指标解读：本指标主要描述股东参与企业治理的政策和机制，这些政策和机制包括但不限于股东大会、临时性股东大会等。

示例

根据第三届董事会构成、专门委员会设置、公司注册资本金调整等的变化，董事会审议批准了全面修订后的《公司章程》并上报国务院国资委，于 2013 年 12 月正式获批，为董事会合规、高效运作提供了制度保障。

——《宝钢集团 2013 年社会责任报告》(P17)

核心指标 M1.2 保护中小投资者利益

指标解读：本指标主要内容包括保护中小股东的知情权、席位、话语权以及自由转让股份权、异议小股东的退股权等。

示例

每季度委托外部单位进行内部审计，真实客观反映公司的经营情况，定期向总部及股东汇报。公司股权变动及合并分立等重大事项必须由董事会全体成员通过，也就是说小股东可以一票否决变动事项。

——《中国浦项 2013 年社会责任报告》（P38）

核心指标 M1.3 规范信息披露

指标解读：及时、准确地向股东披露企业信息是履行股东责任不可或缺的重要环节，这些信息包括企业的重大经营决策、财务绩效和企业从事的社会实践活动。

企业应根据《公司法》通过财务报表、公司报告等向股东提供信息。上市公司应根据《上市公司信息披露管理办法》向股东报告信息。

示例

上市公司太钢不锈设立证券与投资者关系管理部，负责投资者关系的日常管理。太钢不锈严格依照相关法律法规、规范性文件规定开展信息披露，确保了信息披露的及时性、准确性、完整性、合法合规性，先后被山西省证监局、上市公司协会评选为"投资者回报优秀单位"、"投资者关系管理优秀单位"、"社会责任优秀单位"和"全景最佳互动上市公司"。

——《太原钢铁集团 2013 年社会责任报告》（P16）

---

2. 财务绩效

核心指标 M1.4 成长性

指标解读：本指标即报告期内营业收入及增长率等与企业成长性相关的其他指标。

示例

	2011 年	2012 年	2013 年
营业总收入（亿元）	3162.5	2882.3	3031.0
营业总成本（亿元）	3056.9	2932.1	3004.1
利润总额（亿元）	181.5	104.2	101.0
资产总额（亿元）	4673.0	4984.4	5194.6
所有者权益（亿元）	2662.4	2771.3	2738.6
粗钢产量（万吨）	4427	4384	4504

——《宝钢集团 2013 年社会责任报告》（P23）

核心指标　M1.5 收益性

指标解读：本指标即报告期内的净利润增长率、净资产收益率和每股收益等与企业经营收益相关的其他指标。

一般来说，利润总额指企业在报告期内实现的盈亏总额，来源于损益表中利润总额项的本年累计数；净利润指在利润总额中规定缴纳了所得税后公司的利润留存，一般也称为税后利润或净收入；净资产收益率又称股东权益收益率，是净利润与平均股东权益的百分比，是公司税后利润除以净资产得到的百分比。

示例

2013 年，POSCO 在华实现销售收入 520 亿元，净利润 2.2 亿元，盈利能力位于钢铁业前列。

——《中国浦项 2013 年社会责任报告》（P38）

核心指标　M1.6 安全性

指标解读：本指标即报告期内的资产负债率等与企业财务安全相关的其他指标。

示例

2013 年，浦项销售收入 520 亿元，总资产达到 282.8 亿元，资产负债率 65%，资产负债结构良好。

——《中国浦项 2013 年社会责任报告》（P38）

（二）客户责任（M2）

客户责任板块主要描述企业对客户的责任，包括基本权益保护、产品质量管理、产品研发创新、创造客户价值等内容。

1. 基本权益保护

核心指标　M2.1 客户关系管理体系

指标解读：客户关系管理体系是指以客户为中心，覆盖客户期望识别、客户需求回应以及客户意见反馈和改进的管理体系。

示例

● **客户关系管理体系**

根据战略、技术、营业的重要程度把客户分为战略型客户、合作伙伴和普通客户。针对战略型客户和合作伙伴，以 EVI 部和技术研究部为中心，为客户提供从产品规划阶段到量产为止相关的技术支援，为客户创造价值并提高竞争力。针对普通客户，接收到质量问题相关投诉后迅速解决问题，对客户进行索赔处理，防止此问题再次发生。

——《中国浦项 2013 年社会责任报告》（P39）

核心指标　M2.2 产品知识普及或客户培训

指标解读：本指标主要指对客户进行产品和服务知识宣传、普及的活动。

示例

定期、随时访问客户，进行我司产品及技术持有现状及研发情况的交流。为了让客户创造价值，我司依据客户的需求并考虑其潜在需求为其提供综合解决方案，使客户提高产品竞争力。POSCO 总部每两年进行一次 EVI 论坛，宣传公司的产品及技术，还根据客户的需求访问客户并进行我司产品及技术的展示会，并为其提供钢材应用技术。

——《中国浦项 2013 年社会责任报告》（P39）

核心指标　M2.3 客户信息保护

指标解读：本指标主要描述企业保护客户信息安全的理念、制度、措施及绩效。企业不应以强迫或欺骗的方式获得任何有关客户及消费者个人隐私的信息；除法律或政府强制性要求外，企业在未得到客户及消费者许可之前，不得把已获得的客户及消费者私人信息提供给第三方（包括企业或个人）。

> **示例**
>
> 为了保护客户的商业、技术信息，我司与客户签署机密协议，如果违反协议相应规定时承担相应责任，尤其是为防止新产品开发技术合作或者品质认证时客户的技术信息泄露到竞争厂家，针对双方业务中使用的电子版和书面文件，适用认证或者可识别的保密方式，彻底保护客户信息。
>
> ——《中国浦项 2013 年社会责任报告》(P39)

核心指标　M2.4 止损和赔偿

指标解读：如企业提供的产品或服务被证明对客户及消费者的生命或财产安全存在威胁时，企业应立刻停止提供该类产品或服务，并做出公开声明，尽可能召回已出售产品；对已造成损害的，应给予适当的赔偿。

> **示例**
>
> 为了防止客户发生损失，从客户的产品开发规划阶段开始介入，对产品开发以及量产技术方面的风险考虑之后，给客户提供建议方案。客户使用我司材料出现质量异议时首先考虑客户是否能正常生产，其次改善、防止此问题重复发生，最后根据客户的损失情况必要时进行赔偿，使客户的损失最小化。
>
> ——《中国浦项 2013 年社会责任报告》(P39)

2. 产品质量管理

核心指标　M2.5 产品质量管理体系

指标解读：本指标主要描述企业产品质量保障、质量改进等方面的政策与措施，包括但不限于通过 ISO9000 质量管理体系认证、成立产品质量保证和改进小组等。

> **示例**
>
> ● 产品质量管理体系
>
> 以韩国和中国地区生产的产品拥有相同质量为目的建立品质经营，以品质经营体系为基准进行生产、设备、品质的全球化综合管理体系运营。通过此体系与中国地区的跨国企业和海外的中国企业实时进行信息共享，迅速提供客户的需求产品。同时通过提高当地人员的技术及操作熟练度来提高品质，为相应人员提供持续教育及自我开发机会。
>
> ——《中国浦项 2013 年社会责任报告》(P40)

核心指标　M2.6 确保产品安全的制度和措施

指标解读： 本指标主要指企业贯彻落实产品安全的制度和措施，落实产品安全的文化和理念，排除产品生产和研发中忽视安全的行为。

> **示例**
>
> ● 全方位质量管理考核激励管控体系
>
> 2013 年重新修订公司《质量事故管理办法》、《工艺纪律管理办法》等多个管理制度，建立了多层次的质量问题管控体系和内外部质量问题"赔—罚—"管理体系，实现了质量异议和过程质量指标控制的有机融合。
>
> ——《武汉钢铁集团 2013 年社会责任报告》(P27)

扩展指标　M2.7 产品合格率

指标解读： 本指标主要指报告期内企业产品合格率，是一个定量指标。

> **示例**
>
> 2013 年，公司产品合格率为 99.85%。
>
> ——《中国浦项 2013 年社会责任报告》(P40)

核心指标　**M2.8 产品质量认证**

指标解读：本指标主要指企业生产的产品是否通过产品质量认证。

> **示例**
>
> 　汽车板认证创历史最好水平，通过认证 69 项。高端磁轭钢、-100℃低温压力容器钢通过行业评审。重轨、铁路车辆用高强耐候钢通过 CRCC 认证。高端弹簧钢通过慕贝尔首阶段质量认证。
>
> 　　　　　　　　　　　　　　——《武汉钢铁集团 2013 年社会责任报告》(P26)

扩展指标　**M2.9 产品质量负面信息**

指标解读：本指标主要指企业披露在报告期内所生产产品在产品质量上出现的负面信息，以及针对此现象应对、检查、整改的制度、措施和绩效等。

> **示例**
>
> ● 积极应对"字库门"事件
>
> 　2013 年 10 月，三星部分型号手机存在"字库门"设计缺陷导致频繁死机。该缺陷发现后，中国三星立即成立专门工作小组积极应对。10 月 23 日通过官方网站和媒体向中国消费者道歉，对涉及的手机型号已经发生问题的手机进行免费修理；对已在售后服务中心维修时付费的，进行退款处理；对维修两次不能正常使用的手机进行免费更换同型号产品；并且对指定时间前生产部分型号产品，延长一年保修期等一系列措施。
>
> 　　　　　　　　　　　　　　——《中国三星 2013 年社会责任报告》(P46)

3. 产品研发创新

核心指标　**M2.10 支持产品和服务创新的制度**

指标解读：本指标主要指在企业内部建立鼓励创新的制度，形成鼓励创新的文化。

示例

支持产品服务创新的制度

中国地区以技术服务—EVI—技术研究的综合性技术组织,向客户提供一站式服务。

根据地区和产业特点把中国地区分为东北、华北、西南、华南、华东等地区。每个地区常驻 1~2 名产品工程师,客户投诉时 1 日以内访问客户,2 周以内确立原因和对策,3 周以内进行赔偿。

[东北1名/沈阳]

迅速、紧密性服务
5 个地区服务专员常驻
● 北京、上海、广州、重庆、沈阳

[华北2名/北京]

汽车产业发达集中地区支援
技术服务 2 名、研究 1 名、EVI 1 名

[西南1名/重庆]

[华东4名/上海]

技术解决方案开发
根据客户需求开发技术解决方案

[华南 5 名/广州]

——《中国浦项 2013 年社会责任报告》(P41)

核心指标 **M2.11 科技或研发投入**

指标解读: 本指标主要指在报告期内企业在科技或研发方面投入的资金总额。

示例

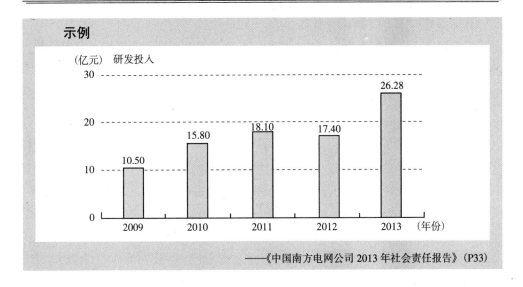

——《中国南方电网公司 2013 年社会责任报告》（P33）

核心指标　**M2.12 科技工作人员数量及比例**

指标解读：科技工作人员指企业直接从事（或参与）科技活动以及专门从事科技活动管理和为科技活动提供直接服务的人员。累计从事科技活动的时间占制度工作时间 50%（不含）以下的人员不统计。

示例

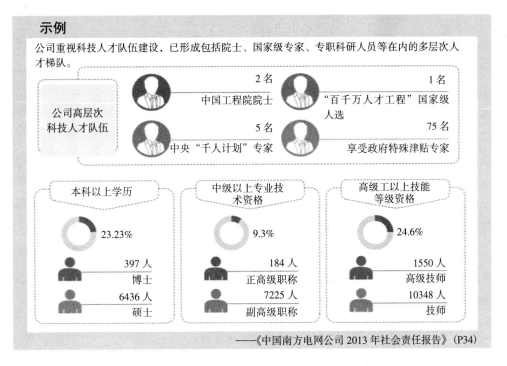

——《中国南方电网公司 2013 年社会责任报告》（P34）

核心指标　**M2.13 新增专利数**

指标解读：本指标主要包括报告期内企业新增专利申请数和新增专利授权数。

示例

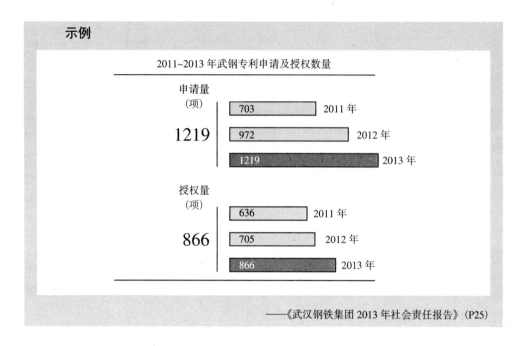

2011~2013 年武钢专利申请及授权数量

申请量
（项）

1219

703	2011 年
972	2012 年
1219	2013 年

授权量
（项）

866

636	2011 年
705	2012 年
866	2013 年

——《武汉钢铁集团 2013 年社会责任报告》（P25）

扩展指标　**M2.14 研发经费占主营业务收入比重**

指标解读：本指标是指报告期内企业研发经费占主营收入的比重。

扩展指标　**M2.15 新产品销售额**

指标解读：新产品指采用新技术原理、新设计构思研制、生产的全新产品，或在结构、材质、工艺等某一方面比原有产品有明显改进，从而显著提高产品性能或扩大使用功能的产品。新产品包括全新型新产品和重大改进型新产品两大类。

（1）全新型新产品：指与以前制造的产品相比，其用途或者技术设计和材料三者都有显著变化的产品。这些创新可以涉及全新的技术，也可以基于组合现有技术新的应用，或者源于新的知识的应用。

（2）重大改进型新产品：指在原有产品的基础上，产品性能得到显著提高或者重大改进的产品。若产品的改变仅仅是在美学上（外观、颜色、图案设计、包装等）的改变及技术上的较小的变化，属于产品差异，不作为新产品统计。

扩展指标　M2.16 重大创新奖项

指标解读：本指标主要指报告期内企业获得的关于产品和服务创新的重大奖项。

示例

○ 2013 年武钢科技创新荣誉（部分省部级以上奖项）

科技创新项目	获奖情况
高强度连续管用钢的制造技术	冶金科学技术二等奖
超薄规格超高强热轧产品集成技术应用创新研究	冶金科学技术二等奖
热轧 U 型钢板桩及其制造技术研究开发	冶金科学技术二等奖
冶金球团用回转窑炉衬材料综合技术开发与应用	冶金科学技术三等奖
连铸机结晶器钢水液面测量系统研发与应用	冶金科学技术三等奖
超薄规格超高强热轧产品短流程工艺成套制造技术与应用创新	湖北省科技进步一等奖
热连轧机组状态监测与故障诊断技术及应用	湖北省科技进步一等奖
大型球团回转窑炉衬热态在线修复集成技术及工程应用	湖北省科技进步二等奖
无副枪的转炉计算机动态控制炼钢技术的集成与创新	湖北省科技进步二等奖
高等级宽幅汽车外板制造技术自主集成	湖北省科技进步二等奖
高性能重轨制造数字化关键技术与应用	湖北省科技进步二等奖
轧机生产线钢坯实时检测识别与控制系统	湖北省科技进步二等奖
基于物联网总线质量计量控制执行系统	云南省科技进步二等奖
全精馏提取高纯氪氙产品技术	湖北省科技进步三等奖
冶金含油尘泥整体回用技术及工业化应用	湖北省科技进步三等奖
镀锌钢板用环保无铬钝化剂	湖北省科技进步三等奖
耐时效冷轧电镀锡板的制造技术	湖北省科技进步三等奖
汽车板成形性能试验方法系列国家标准	湖北省科技进步三等奖
无铬耐指纹热镀锌钢板产品开发和制造技术	湖北省科技进步三等奖
450MPa 级高强度耐候钢的集成技术与应用	湖北省科技进步三等奖
采用闭环取样方式的转炉废气分析系统	湖北省科技进步三等奖
复杂高应力矿山安全开采关键技术及应用	湖北省科技进步三等奖
DX-Any 综合通信系统	湖北省科技进步三等奖
炼焦煤高效利用技术发明与应用	湖北省技术发明二等奖
连铸中间包用主要耐火材料集成技术及工业应用	湖北省技术发明三等奖
冷轧钢板质量检测系列设备	湖北省技术发明三等奖

——《武汉钢铁集团 2013 年社会责任报告》（P24）

4. 创造客户价值

扩展指标　M2.17 带动上下游行业发展

指标解读：本指标指以钢铁业为中心，覆盖其他行业客户需求及期待，带动上下游企业发展的制度与措施。

示例

宝钢通过与汽车企业客户全方位的技术合作，同步并有针对性地进行材料开发与应用技术支持，通过与客户供应链的紧密合作，为客户带来可持续的增值，最终实现汽车与钢铁产业的互利共赢。

——《宝钢集团 2013 年社会责任报告》（P81）

扩展指标　M2.18 提供多样化的客户服务渠道

指标解读：本指标指企业为消费者提供的服务渠道，包括但不限于服务网点和服务热线等。

示例

2013 年，宝钢股份呼叫中心开展了多种"客户关怀"业务，如发送温馨短信（如节日、生日祝福，电子贺卡等），通知提醒短信（如质量异议、商务询单受理成功）等信息推送服务。更好地了解用户，密切与用户的联系，打造卓越的客户关系管理能力，不断提高用户对宝钢呼叫中心的认知度，使呼叫中心成为多功能、综合性的客户互动中心。同时，为提高客户交互式服务体验，将传统语音服务为主向低成本高效率的互联网服务方式为主转型，以满足用户通过互联网获取服务的需求，提高客户满意度和忠诚度，发挥服务营销价值。

2013 年，呼叫中心热线共接听用户来电 15951 通，平均接通率为98.63%，249 个工作日，平均每天接听用户来电数量约为 64 通，呼叫中心热线即时满意率 98.03%。

——《宝钢集团 2013 年社会责任报告》（P79）

核心指标　M2.19 客户满意度

指标解读：消费者满意是指消费者对某一产品或服务已满足其需求和期望程度的意见，也是消费者在消费或使用后感受到满足的一种心理体验。

示例

每年以全球客户中抽选的任意客户为对象，针对营业，交货、品质等价格、非价格销售竞争力相关项目，与不同区域的竞争钢铁企业相比较，进行客户体验满意度调查，之后对市场评价偏低的部分进行完善。近几年国内钢铁产能过剩，随之带来的钢铁业的竞争越来越激烈，与此同时客户对钢铁企业的诉求不断提升。对此 POSCO 不断改善服务方式，提高客户体验度。

——《中国浦项 2013 年社会责任报告》(P42)

核心指标　M2.20 积极应对客户投诉及客户投诉解决率

指标解读：所谓客户投诉，是指客户因对企业产品质量或服务上的不满意而提出的书面或口头上的异议、抗议、索赔和要求解决问题等行为。本指标是指企业披露报告期内对客户投诉的应对策略及措施，以及整改绩效等。

示例

进一步完善客户投诉处理服务体系，修订客户投诉管理程序，明确相关部门职责、投诉处理权限等内容。注重客户投诉处理与技术服务相结合，实施多层次投诉授权处理管理，持续加强重点品种驻点技术服务管理，促进客户投诉得到快速反应和解决。

——《鞍钢集团 2013 年可持续发展报告》(P50)

（三）供应链责任（M3）

供应链责任主要包括企业在供应链合规管理、促进价值链履责和责任采购三个方面的理念、制度、措施、绩效及典型案例。

1. 供应链合规管理

核心指标　M3.1 战略共享机制及平台

指标解读：本指标主要描述企业与价值链伙伴（商业和非商业的）建立的战略共享机制及平台，包括但不限于以下内容：

（1）长期的战略合作协议；

（2）共享的实验基地；

（3）共享的数据库；

（4）稳定的沟通交流平台等。

示例

武钢通过建立"产学研用"战略合作模式，共享相关信息、技术、实验设备及其他资源，加快产品结构调整升级，进一步推广应用高性能电工钢，有力促进了节能减排及机电工业发展，为国家创造了良好的经济和社会效益。

——《武汉钢铁集团 2013 年社会责任报告》(P77)

核心指标　M3.2 诚信经营的理念与制度保障

指标解读：该指标主要描述确保企业对客户、供应商、经销商以及其他商业伙伴诚信的理念、制度和措施。

示例

POSCO 以"五大核心价值"为理念，积极实践并严格遵守，在经营中自觉遵守国家有关法律法规，遵守行业规范和商业道德，自觉维护市场秩序，以产品质量求生存，以诚信求发展，不采取阻碍互联互通、掠夺性定价、诋毁同业者等不正当竞争手段。

——《中国浦项 2013 年社会责任报告》(P43)

核心指标　M3.3 公平竞争的理念及制度保障

指标解读：公平竞争主要指企业在经营过程中遵守国家有关法律法规，遵守行业规范和商业道德，自觉维护市场秩序，不采取阻碍互联互通、掠夺性定价、垄断渠道资源、不正当交叉补贴、诋毁同业者等不正当竞争手段。

示例

POSCO 公司在经营过程中坚决抵制任何形式的行贿及商业贿赂行为，同时积极开展对员工的伦理经营教育，要求全体员工坚守伦理规范，努力实践公平竞争的理念。无论公司对内对外，努力营造公平公正的经营环境，尽力保证合作伙伴及员工的公平感和幸福感。

——《中国浦项 2013 年社会责任报告》(P43)

扩展指标　M3.4 经济合同履约率

指标解读：该指标主要反映企业的管理水平和信用水平。

经济合同履约率 = (截至考核期末实际履行合同份数) /考核期应履行合同总份数 × 100%

示例

2013 年，公司经济合同履约率为 100%。

——《中国浦项 2013 年社会责任报告》(P43)

---

2. 促进价值链履责

核心指标　M3.5 供应商管理体系

指标解读：本指标主要描述企业利用其在价值链中的影响力，与包括供应商在内的价值链伙伴建立和维持长久伙伴关系的管理方案。

示例

● 供方管理体系

公司严格按照《武钢国贸总公司供方管理办法》的立户标准选择供方，每月对供方进行动态严格审核，对主要供方业绩进行跟踪，不断优化渠道结构。2013 年以来共引进新供方 238 家，淘汰供方 396 家，有效供方总数 2250 家，其中直供商 1804 家，中间商 446 家，直供比例达到 80.17%。评出三星级供方 49 家，二星级供方 107 家，一星级供方 171 家，在采购物资时星级供方享受优惠待遇。

定期开展供方二方审核，全面测评供应商资质并开展年审，对供方的经营规模、生产能力、产品质量、售后服务等方面进行实地考察、多方评价，发现薄弱环节及时提出整改意见并督促其按期整改，以保证供方的供货能力和产品质量。

将诚信经营纳入供应商年度评价，全面实行供应商廉洁承诺，与所有签订合同的供应商签订了廉政公约。

积极与供应商建立战略合作关系，强化高性价比采购。促进了行业供应链整合优化，提高了产业链上下游协同发展水平。

——《武汉钢铁集团 2013 年社会责任报告》(P29)

核心指标 **M3.6 供应商通过质量、环境和职业健康安全管理体系认证的比率**

指标解读： 供应商通过质量、环境和职业健康安全管理体系认证可从侧面（或部分）反映供应商的社会责任管理水平，是一个定量指标。

示例

● **供应商环境管理体系认证通过率**

重点推进环境负荷较大的制造型供应商体系认证工作，近三年宝钢股份总部资料备件供应商环境管理体系认证通过率情况如下图所示。

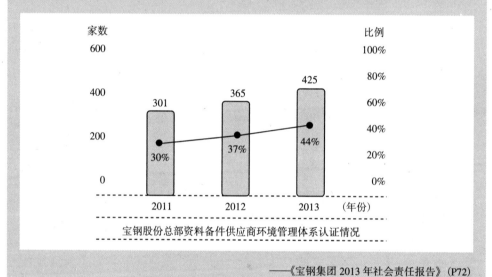

宝钢股份总部资料备件供应商环境管理体系认证情况

——《宝钢集团 2013 年社会责任报告》（P72）

扩展指标 **M3.7 供应商受到经济、社会或环境方面处罚的个数/次数**

指标解读： 该指标主要指企业供应商在经济、社会或环境方面受到政府处罚的个数以及严重程度。

扩展指标 **M3.8 受处罚供应商整改比例**

指标解读： 该指标主要指企业供应商在经济、社会或环境方面受到处罚后的整改比例。

扩展指标 **M3.9 促进价值链履行社会责任方面的倡议和政策**

指标解读： 企业应利用其在价值链中的影响力，发挥自身优势，与包括供应商在内的价值链伙伴共同制定社会责任倡议和相关行业社会责任发展建议。

示例

POSCO 致力于与供应商一同切实履行作为企业公民的社会责任。安全方面：创建安全标准化二级单位，要求所有进入厂区的供应商严格遵守公司安全管理规范。环保方面：创建 ISO14001 体系，要求供应商必须按体系要求提供商品和服务。社会贡献方面：邀请客户单位共同参加社会贡献活动。

——《中国浦项 2013 年社会责任报告》(P44)

扩展指标　M3.10 对价值链伙伴开展社会责任能力建设和培训

指标解读： 该指标主要描述企业对供应商、经销商等价值链伙伴进行社会责任培训或社会责任宣传教育的活动。

示例

通过定期组织供应商社会责任方面的倡议和政策培训及教育，提高供应商的社会责任感及积极性，以及（1 年 1 次）的审厂和定期会议（1 季度 1次），对供应商施加影响，以促进与供应商共同成长，督促供应商承担社会责任。

——《中国浦项 2013 年社会责任报告》(P44)

核心指标　M3.11 对价值链伙伴进行社会责任评估和调查的措施以及绩效

指标解读： 一般情况下，对包括供应商在内的价值链伙伴进行社会责任审查，可分为企业自检或委托第三方机构对供应商履行社会责任情况进行审查。

示例

定期开展供方二方审核，全面测评供应商资质并开展年审，对供方的经营规模、生产能力、产品质量、售后服务等方面进行实地考察、多方评价，发现薄弱环节及时提出整改意见并督促其按期整改，以保证供方的供货能力和产品质量。将诚信经营纳入供应商年度评价，全面实行供应商廉洁承诺，与所有签订合同的供应商签订了廉政公约。

——《武汉钢铁集团 2013 年社会责任报告》(P29)

3. 责任采购

核心指标 M3.12 责任采购的制度和措施

指标解读：一般情况下，公司责任采购程度由低到高分为三个层次：

（1）严格采购符合质量、环保、劳工标准，合规经营公司的产品或（及）服务；

（2）对供应商进行社会责任评估和调查；

（3）通过培训等措施提升供应商履行社会责任的能力。

示例

● 采购管理体系建设

鞍钢集团不断推进物资集中采购体系建设，发挥规模采购效益与一体化协同效应。按照"大集中、小分散"原则，优化物资集中采购目录，对大宗物资实施集中管控，建立价格政策会议的决策平台，加强"采、产、研、销"联动，完善采购运行机制。提高招标采购、直供采购、功能承包管控能力，进一步强化了采购基础管理工作。

——《鞍钢集团 2013 年可持续发展报告》(P52)

扩展指标 M3.13 责任采购比率

指标解读：报告期内企业责任采购数量占企业应实行责任采购的采购总量，公式为：责任采购比率＝责任采购量/应实行责任采购的采购总量×100%。

示例

责任采购比重保持 100%。

——《太原钢铁集团 2013 年社会责任报告》(P69)

核心指标 M3.14 阳光采购的制度和措施

指标解读：阳光采购是指企业按照"公开、公平、公正"和"质量优先，价格优先"的原则，从供应市场获取产品或服务作为自身资源的行为。

示例

为防范风险、践行阳光采购，宝钢股份总部资料备件采购对近1万个品种的零星物品进行系统梳理，以"公开、公平"原则，合理制订匹配竞价规则，向全社会公开采购，吸引行业中的优秀供应商参与。

2013年全年通过上一年度建立的工业品超市平台，公开寻源并签约的零星品超过1亿元，共吸引184家供应商报名总计621次，其中139家通过审核参与竞价440次。

2013年宝钢股份总部资料备件采购负责的钢材、钢管、电缆、管桩、电缆桥架等工程材料，依法公开采购3.62亿元，其中招标采购2.70亿元、工业品超市854万元。

——《宝钢集团2013年社会责任报告》（P71）

核心指标 **M3.15 采购质量管理**

指标解读： 本指标是指企业在进行采购时所采取的质量保证和质量管理的制度、措施以及绩效等。

示例

2013年，宝钢股份总部资料备件采购以重要资料备件进厂检验、质量飞检为手段，以提升资料备件实物质量为目标，按年度计划对高附加值、易掺假、质量不稳定及直接影响产品的重要资料备件实施抽检；同时，组织技术部门、使用部门对重要资料备件进行飞检；针对炼钢辅料、卷钢涂料、包装材料等关键资料的质量管控实绩按月跟踪、分析，并将结果以书面形式反馈至供应商，要求供应商制定、落实改进措施，达到对供应商产品制造过程的有效监控。9月份，欧洲化学总署（ECHA）公布了第十批高度关注的物质（SVHC）共7项，经组织评估确认，目前宝钢股份总部冷轧产品所使用的直接生产物料均符合ECHA要求。

——《宝钢集团2013年社会责任报告》（P73）

四、社会绩效（S 系列）

社会绩效主要描述企业对社会责任的承担和贡献，主要包括政府责任、员工责任、安全生产和社区责任四个方面的内容。政府责任是现阶段我国企业履行社会责任的重要内容之一，主要描述企业响应政府号召，对政府负责的理念、制度、措施及绩效；员工责任主要描述企业对员工负责，促进员工与企业共同成长的理念、制度、措施、绩效及典型案例；安全生产、社区责任主要描述企业对社区的责任贡献，如图 4-5 所示。

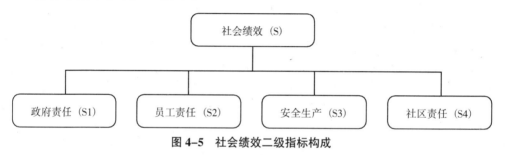

图 4-5　社会绩效二级指标构成

（一）政府责任（S1）

政府责任主要包括守法合规、政策响应、税收贡献以及带动就业等方面。

核心指标　S1.1 企业守法合规体系

指标解读：本指标主要描述企业的法律合规体系，包括守法合规理念、组织体系建设、制度建设等。

合规（Compliance）通常包含两层含义：①遵守法律法规及监管规定；②遵守企业伦理和内部规章以及社会规范、诚信和道德行为准则等。"合规"首先应做到"守法"，"守法"是"合规"的基础。

> **示例**
>
> 2013 年，武钢认真落实中央企业法制工作第三个三年目标任务，不断强化法律管理，深化完善法制工作，实现"因违法经营引发的重大法律纠纷

为零"的目标。法制工作在国务院国资委年度评价中被评为 A 级，位于中央企业前 10 位。并在国务院国资委组织的"新闻媒体央企法制行"专题会上交流经验。

——《武汉钢铁集团 2013 年社会责任报告》（P12）

核心指标 S1.2 守法合规培训

指标解读：本指标主要描述企业组织的守法合规培训活动，包括法律意识培训、行为合规培训、反腐败培训、反商业贿赂培训等。

示例

以"学习十八大精神 永葆清正廉洁本色"为主题，以抓学习、兴文化、葆清廉、促转变为主要内容，开展党风廉政教育月活动，筑牢党员干部廉洁从业的思想防线。开展武钢"十佳特色廉洁文化"评选，对厂处级领导人员述廉情况进行评估，编制《武钢廉洁文化手册》，实行廉洁从业"三必考"制度，768 名厂处级领导人员参加了党内法规制度知识测试。全年共开展反腐倡廉教育培训 374 场，受教育人数达 18732 人次。3956 人次开展自查自纠，查找问题 254 个，制定措施 380 项。开展学习党章活动 779 场，参与学习 21699 人次。累计组织廉洁文化活动 356 场，20706 人次参加。

——《武汉钢铁集团 2013 年社会责任报告》（P14）

核心指标 S1.3 禁止商业贿赂和商业腐败

指标解读：本指标主要描述企业在反腐败和反商业贿赂方面的制度和措施等。

（1）商业贿赂行为是不正当竞争行为的一种，是指经营者为销售或购买商品而采用财物或者其他手段贿赂对方单位或者个人的行为。

（2）商业腐败按对象可以划分为两种：一种是企业普通经营活动中的行贿受贿行为，即通常意义上的商业贿赂；另一种是经营主体为了赢得政府的交易机会或者是获得某种经营上的垄断特权而向政府官员提供贿赂。

示例

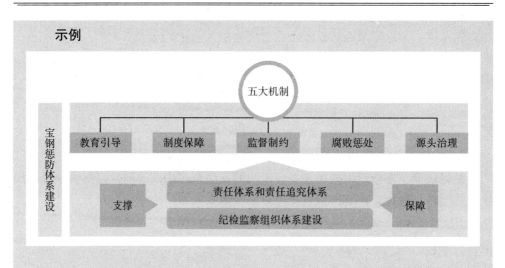

围绕改革发展稳定和生产经营管理工作重点，将惩防体系植于企业内部控制和全面风险管理制度之内、融入经营管理体系之中，把规范权力运行纳入业务流程，固化在操作环节，最大限度地营造"不想为、不能为、不敢为"的廉洁从业环境。

——《宝钢集团 2013 年社会责任报告》（P19）

扩展指标 **S1.4 企业守法合规审核绩效**

指标解读：本指标包括企业规章制度的法律审核率、企业经济合同的法律审核率和企业重要经营决策的法律审核率。

示例

2011~2013 年审计项目完成一览表

单位：项

审计项目类别	2011 年	2012 年	2013 年
财务收支审计	22	26	19
经济责任审计	98	89	76
产权变动净资产审计	32	36	33
投资项目竣工决算审计	58	69	55
投资项目审计评价	16	12	10
投资项目造价审计	14	12	48
管理审计	94	109	85
合计	334	353	326

续表

审计项目类别	2011 年	2012 年	2013 年
投资项目造价送审项目数	506	391	758
净核减工程款	4.49 亿元	4.68 亿元	5.57 亿元

——《宝钢集团 2013 年社会责任报告》(P18)

核心指标 S1.5 响应国家政策

指标解读： 响应国家政策是企业回应政府期望与诉求的基本要求。

示例

POSCO 持续扩大在中国地区的投资建设，积极响应国家政策，通过本地化战略，为当地提供更多的就业岗位，扩大对应届毕业生招聘需求。

——《中国浦项 2013 年社会责任报告》(P15)

核心指标 S1.6 纳税总额

指标解读： 依法纳税是纳税人的基本义务。

示例

单位：亿元

	2011 年	2012 年	2013 年
钢材销售	0.1	0.3	0.1
钢铁生产	1.7	2.4	4.0
钢材加工	6.8	6.8	2.8
贸易类	0.10	0.10	0.05
ICT 类	0.03	0.03	0.06
建设类	0.03	0.15	0.31
有色金属		0.002	0.01

——《中国浦项 2013 年社会责任报告》(P5)

核心指标 S1.7 确保就业及（或）带动就业的政策或措施

指标解读： 促进经济发展与扩大就业相协调是社会和谐稳定的重要基础。根据《中华人民共和国就业促进法》(2007)，"国家鼓励各类企业在法律、法规规定的范围内，通过兴办产业或者拓展经营，增加就业岗位"、"国家鼓励企业增加就业岗位，扶持失业人员和残疾人就业"。

> **示例**
>
> 2013 年，POSCO 在华法人面向社会提供钢铁生产操作、钢铁加工、冶金技术、营销、贸易、管理等 10 余种岗位，共招聘 880 人。其中，POSCO-CGL、POSAUSTUM 烟台、 POSCO-YONGXIN 的相继成立为中国地区创造了更多就业机会。在其他生产经营辅助性岗位方面，公司通过协力公司、外包服务公司等机构雇佣包装、环卫、食堂、安全等劳务人员，不仅为解决当前社会就业难的问题贡献了一份力量，也为带动地方经济繁荣，构建和谐社会做出了积极的贡献。
>
> ——《中国浦项 2013 年社会责任报告》（P16）

核心指标　S1.8 报告期内吸纳就业人数

指标解读： 企业在报告期内吸纳的就业人数包括但不限于：应届毕业生、社会招聘人员、军转复原人员、农民工、劳务工等。

> **示例**
>
> 2013 年全年浦项在华共招聘 880 人。
>
> ——《中国浦项 2013 年社会责任报告》（P16）

（二）员工责任（S2）

1. 职业健康与安全

核心指标　S2.1 员工健康管理机制

指标解读： 员工健康管理是指企业运用现代医疗和信息技术从生理、心理角度对企业员工的健康状况进行跟踪、评估，系统维护企业员工的身心健康。

> **示例**
>
> 公司高度重视职工健康，将保障职工健康列入为职工办的实事之一，满足职工多层次健康需求，建设惠及员工及家属的民生工程。
>
> ——《太原钢铁集团 2013 年社会责任报告》（P64）

扩展指标　S2.2 职业健康与安全委员会中员工的占比

指标解读：职业健康与安全（管理）委员会是企业中对员工职业健康与安全进行管理的最高机构，员工担任委员会成员可以确保员工利益真正得到保证。

核心指标　S2.3 职业病防治制度

指标解读：企业需根据《中华人民共和国职业病防治法》以及《工作场所职业卫生监督管理规定》等政策法规，结合行业特征和企业实际，建立本企业的职业病防治制度。

示例

　　部分法人公司建立了职业健康与安全委员会。根据《职业病防治办法》等相关规定，建立并不断完善职业病防治制度体系，履行职业病危害告知义务，定期为员工安排职业病体检，为员工提供劳动保护用品。例如，噪音是目前大部分法人公司主要的职业病危害因素，对此公司如实告知并定期开展职业健康体检——听力测试，同时发放防噪音耳塞等劳动保护用品。此外，公司通过建立安全操作标准、制定意外事故应急预案，避免了职业病的发生，确保员工的身体健康。新员工都必须进行岗前体检，并且每年进行一次全面体检。

——《中国浦项 2013 年社会责任报告》（P29）

核心指标　S2.4 职业安全健康培训

指标解读：职业安全健康培训主要指企业针对员工开展的关于职业安全健康知识、预防等内容的培训。

示例

　　POSCO 对于员工安全教育的重要性有着深刻的认识，POSCO Family 在华企业建立起了完善的安全教育体系，从思想意识、安全知识、操作技能等全方面入手，提高员工安全意识，宣扬 POSCO 安全文化，保障生产安全。生产加工根据不同岗位的员工制定不同强度和深度的安全教育计划，安全教育覆盖率达到 100%。

安全教育体系

● 新员工安全教育：上岗前三级安全教育，转岗后转岗安全教育；

● 在职员工安全再教育：安全法律法规、交通安全、消防安全、急救常识、工厂危险作业场所警示、危险化学品警示等；

● 产线员工职场内培训：按班/组别，每周或每天进行生产技能培训及总结；

● 特种设备岗位员工：必须考取特种设备作业资格证，定期进行年度复审工作；

● 生产现场管理层：针对生产班长、主任等进行专业化安全管理人员培训；

● 特色安全教育：安全宣誓活动，安全生产祈愿仪式，安全知识竞赛等；

● 外部学习交流：赴其他钢铁公司交流安全生产经验。

——《中国浦项 2013 年社会责任报告》(P36)

扩展指标 S2.5 年度新增职业病人数和企业累计职业病人数

指标解读： 企业在报告期内新增职业病人数和企业累计职业病人数，本指标是一个定量指标。

示例

POSCO 集团中国法人自进入中国以来，没有职业病发生的案例。

——《中国浦项 2013 年社会责任报告》(P29)

核心指标 S2.6 工伤预防制度和措施

指标解读： 工伤预防是指事先防范职业伤亡事故以及职业病的发生，减少事故及职业病的隐患，改善和创造有利于劳动者的健康的、安全的生产环境和工作条件，保护劳动者在生产、工作环境中的安全和健康。

示例

公司十分重视工伤预防制度的建设。针对不同生产线性质制定了相应的安全操作指引，且每天以班组为单位召开例会，对安全操作指引进行反复强调并定期对生产线员工进行安全教育培训。针对易发生工伤的区域，做出安全警示。成立工伤预防和管理领导小组，不断强化平时的安全教育与工伤预防措施，力争早于事故发现隐患，并通过及时改善做好早期预防工作。同时制定各种事故应急预案并定期演练，强化员工的工伤预防和处理技能，减少事故可能造成的伤害。

——《中国浦项 2013 年社会责任报告》(P29)

扩展指标 S2.7 向兼职工、劳务工和临时工及分包商职工提供同等的健康和安全保护

指标解读：企业应向兼职工、劳务工和临时工及分包商职工提供同等的健康和安全保护。

示例

对非正式雇佣的用工形式有着非常严格的控制。公司在与外包商签署《外包协议》时，积极强调安全生产和员工保护的重要性，并把对员工的安全教育与保护等方面内容纳入协议中。同时公司对外包公司的外协人员与公司正式员工一视同仁，积极关心外协人员的健康和安全保护情况。除定期组织与公司员工相同的健康体检外，也为外协人员和实习生等提供安全防护用品，并进行安全生产教育培训。

——《中国浦项 2013 年社会责任报告》(P29)

核心指标 S2.8 职业危害防控

指标解读：该指标是指企业根据《中华人民共和国职业病防治法》、《安全生产许可证条例》等，为了预防、控制和消除职业病危害，防治职业病，保护劳动者健康，促进经济发展，所制定的职业危害防治措施。

示例

公司坚持以治理职业危害为重点，持续改善作业环境；以宣传和培训为手段，不断提升职工防护意识和能力。

加强职业健康监护档案管理。体检结果以书面形式告知职工，建立接触职业危害职工电子档案，并以书面汇总形式存档。

公司采取措施防止职业危害和职业病，报告期内，将职业危害防护设施纳入设备管理范畴，提高防护设施与主题设备的同步运转率；全年治理粉尘、噪声等职业危害点 137 个，现场作业条件持续改善。

——《太原钢铁集团 2013 年社会责任报告》(P60)

核心指标 S2.9 职业危害危险辨识与管控

指标解读：危险辨识与管控主要指企业对重大危险源点进行严格管理，同时明确相应的危险辨识流程。

示例

公司下发《危险辨识专项管理规定》，进一步细化危险辨识要素，明确危险辨识的方法和流程，开展各单位安全科长（主管）的危险辨识培训。

公司对重大危险源点实行专业化管理。公司专业人员开展了氨站、煤气柜等危险源点的排查、评估和治理，对危险源点进行全面摸底和建档登记，做到"一源一档"、"一源一牌"，形成《公司重大危险源评估报告》，分级建立事故应急救援体系及预案，组织专家进行评审并在省安监局备案。

——《太原钢铁集团 2013 年社会责任报告》(P59)

扩展指标 S2.10 员工心理健康制度和措施

指标解读：员工心理健康是企业成功的必要因素，企业有责任营造和谐的氛围，帮助员工保持心理健康。

示例

开展"健康幸福·心计划"活动，为职工送健康、送服务，切实维护职工的健康权益。"心系职工健康讲师团"在基层单位为职工进行现场义诊，提供心理咨询服务，宣讲夏季中暑预防、科学用药等知识，并组织职工进行现场急救演练。全年共组织开展健康讲座 102 场，参与职工达万余人。

——《武汉钢铁集团 2013 年社会责任报告》(P35)

核心指标 　S2.11 体检及健康档案覆盖率

指标解读：本指标指企业员工中年度体检的覆盖率和职业健康档案的覆盖率。

示例

职工健康体检率 99.28%。

——《太原钢铁集团 2013 年社会责任报告》（P60）

2. 基本权益保护

核心指标 　S2.12 劳动合同签订率

指标解读：劳动合同签订率指报告期内企业员工中签订劳动合同的比率。

示例

浦项中国（投资）有限公司严格遵守包括《劳动法》、《劳动合同法》在内的相关法律法规及其他各项政策制度，积极主动地维护员工的合法权益。集体合同签订率以及五险一金覆盖率均为 100%。

——《中国浦项 2013 年社会责任报告》（P24）

扩展指标 　S2.13 集体谈判与集体合同覆盖率

指标解读：集体谈判是工会或个人组织与雇主就雇佣关系等问题进行协商的一种形式，其目的是希望劳资双方能够在一个较平等的情况下订立雇佣条件，以保障劳务方应有的权益。

集体合同是指企业职工一方与用人单位就劳动报酬、工作时间、休息休假、劳动安全卫生、保险福利等事项，通过平等协商达成的书面协议。集体谈判是签订集体合同的前提，签订集体合同必须要进行集体协商。

示例

POSCO 一直致力于营造和谐劳动关系，签订集体合同，集体合同覆盖率达到 100%。

——《中国浦项 2013 年社会责任报告》（P24）

核心指标 S2.14 民主管理

指标解读：根据《公司法》、《劳动法》、《劳动合同法》等规定，企业实行民主管理主要有三种形式：职工代表大会、厂务公开以及职工董事、职工监事等。此外，职工民主管理委员会、民主协商会、总经理信箱等也是民主管理的重要形式。

示例

厂务公开民主管理工作

宝钢贯彻落实《宝钢集团有限公司职工民主管理基本制度》，进一步深化厂务公开民主管理。

● 顺利完成了集团三届一次职代会换届和大会的各项议程。

● 制定《宝钢集团 2013 年厂务公开民主管理工作要点》，聚焦厂务公开阳光行动、安全生产管理民主监督等重点工作，推进厂务公开工作有效开展。

● 按照"二三二"职工民主管理体系要求，规范多级职代会管理，实现集团内的企业全覆盖。

● 通过网络开展了民主评议领导人员的工作，先后组织 3278 名职工代表，共填写有效问卷 17865 份，对 157 名集团公司直管领导人员进行评议，公司工会对民主评议的情况进行了分析，形成了《2012 年宝钢领导人员民主评议情况分析报告》。

● 开展"三级对话制度"、"厂情通报会"、"职工代表看宝钢"等厂务公开活动。

● 举办了首次职工董事、职工监事研修班，专门邀请上海市总工会相关部门领导授课，并进行交流研讨。

宝钢的创新实践得到了全国总工会的高度评价，被全国厂务公开协调小组授予"全国厂务公开民主管理示范单位"。

——《宝钢集团 2013 年社会责任报告》(P60)

扩展指标 S2.15 参加工会的员工比例

指标解读：根据《中华人民共和国工会法》、《中国工会章程》等规定，所有符合条件的企业都应依法成立工会，维护职工合法权益是工会的基本职责。本指标是指企业中参加工会的员工比例。

示例

鞍钢集团从总部到基层单位、车间、班组，均建立了工会组织。鞍钢集团工会现有会员 202787 人，工会组织覆盖率和职工入会率均达到 100%。

——《鞍钢集团 2013 年可持续发展报告》(P65)

扩展指标 S2.16 通过申诉机制申请、处理和解决的员工申诉数量

指标解读：员工申诉是指员工在工作中认为受到不公正待遇或发现企业经营中不合规的行为等，通过正常的渠道反映其意见和建议。依据申诉对象的不同，员工申诉可分为企业内部申诉和企业外部申诉，即劳动仲裁，本指标所指的员工申诉主要指企业内部申诉。

示例

2013 年度 POSCO 在华法人通过上述渠道接受申诉事件 2000 起，结案率为 100%。

——《中国浦项 2013 年社会责任报告》(P22)

扩展指标 S2.17 雇员隐私管理

指标解读：员工具有工作隐私权，赋予雇员隐私权是对雇员人格尊严的尊重。企业应建立覆盖招聘、考核等各人力资源管理环节的隐私管理体系。

示例

为保护员工个人信息和隐私，为每个员工都建立了个人档案，并在加密的文件柜中保存。加强电子邮件通信管理，保护员工在电子通信过程中的隐私。

将员工个人信息进行信息化管理，引进人事管理系统，对使用权限做出了严格的规定，并指定专人负责管理，尊重员工个人隐私，保证个人信息绝不泄露。

与员工签订保密协议，公司保证在收集、使用、传递、评估员工信息过程中遵守协议规定，最大程度保护了员工的隐私。

——《中国浦项 2013 年社会责任报告》(P23)

扩展指标 S2.18 按运营地划分员工最低工资和当地最低工资的比例

指标解读： 员工最低工资是指劳动者在法定工作时间提供了正常劳动的前提下，其所在用人单位必须按法定最低标准支付的劳动报酬，其中不包括加班工资、特殊工作环境的津贴、法律法规和国家规定的劳动者福利待遇等。各地最低工资标准由省、自治区、直辖市人民政府规定。

扩展指标 S2.19 社会保险覆盖率

指标解读： 该指标主要指企业正式员工中"五险一金"的覆盖比例。

示例

严格遵守包括《劳动法》、《劳动合同法》在内的相关法律法规及其他各项政策制度，积极主动地维护员工的合法权益。五险一金覆盖率为 100%。

——《中国浦项 2013 年社会责任报告》(P23)

---

3. 薪酬福利

核心指标 S2.20 向员工提供有竞争力的薪酬

指标解读： 有竞争力的薪酬指的是企业根据自身经济效益的增长情况，根据科学的调薪机制，及时适当地调整薪酬，支付给运营地员工高于当地最低工资的薪酬。

示例

2013 年宝钢员工整体薪酬水平保持增长，全年实发工资总额 149.1 亿元。公司对各类人才的激励方式，都是以绩效为导向。2013 年，公司推进实施绩效年薪方式，增加绩效薪酬的弹性，让绩效在薪酬决定机制中拥有更大的话语权。公司创新个人出资入股等激励方式，让 6 位经营管理人才有机会共享企业发展的收益。

——《宝钢集团 2013 年社会责任报告》(P56)

扩展指标 S2.21 超时工作报酬的制度与措施

指标解读： 企业为超出法定工作时间而支付的报酬总额的制度与措施。其中法定工作时间由政府规定。

示例

严格按照《劳动法》等相关规定实行每周 40 小时工作制。对于员工超时工作，按法律规定法定节假日 300%，周末 200%，平时 150%，支付员工加班工资。

——《中国浦项 2013 年社会责任报告》(P25)

扩展指标　S2.22 每年人均带薪年休假天数

指标解读：带薪年休假是指劳动者连续工作 1 年以上，就可以享受一定时间的带薪年假。其中，职工累计工作已满 1 年不满 10 年的，年休假 5 天；已满 10 年不满 20 年的，年休假 10 天；已满 20 年的，年休假 15 天。具体操作可参考 2007 年 12 月 7 日国务院第 198 次常务会议通过的《职工带薪年休假条例》。

示例

POSCO-China 根据《劳动法》、《企业职工带薪年休假实施办法》、《职工带薪年假条例》、奖励假等，给予员工 5~15 天的带薪年假。

——《中国浦项 2013 年社会责任报告》(P26)

扩展指标　S2.23 按雇佣性质（正式、非正式）划分的福利体系

指标解读：福利是员工的间接报酬，包括但不限于为减轻职工生活负担和保证职工基本生活而建立的各种补贴、为职工生活提供方便而建立的集体福利设施、为活跃职工文化生活而建立的各种文化体育设施等。

示例

为进一步完善宝钢薪酬福利体系，充分发挥福利效用、增强员工感知和体验，集团人力资源部在总结试点经验、整合健康保障计划的基础上，研究制订实施"爱礼"弹性福利计划，有效满足了不同年龄、性格员工的选择偏好，更好地分享公司发展带来的成果。员工对这种能够按需选择福利项目的形式非常满意，认为这是一种选择带来的幸福感。下一步公司将根据员工的反馈，对项目菜单及供应商进一步调整，以期满足员工对福利的多元需求。

——《宝钢集团 2013 年社会责任报告》(P56)

4. 平等雇佣

扩展指标   S2.24 中高层女性管理者比例

指标解读：管理人员主要指具体从事经营管理的人员，包括各级经理人如规划计划、人力资源、市场营销、资本运营、财务审计、生产管理、法律事务、质量安全环保、行政管理等部门经理、主管等。

示例

女性管理者比例为 18%，比 2012 年相比增加了 8%。

——《中国浦项 2013 年社会责任报告》(P25)

扩展指标   S2.25 少数民族或其他种族员工比例

指标解读：该指标主要指公司内部正式员工中少数民族或其他种族员工所占比例。

示例

少数民族员工占全体员工总数比例为 19%。

——《中国浦项 2013 年社会责任报告》(P25)

扩展指标   S2.26 残疾人雇佣率或雇佣人数

指标解读：根据《中华人民共和国就业促进法》规定，"国家保障残疾人的劳动权利，用人单位招用人员，不得歧视残疾人。"

示例

2013 年，鄂钢新招聘大学生 27 名；现聘用残疾人 62 人。

——《武汉钢铁集团 2013 年社会责任报告》(P59)

扩展指标   S2.27 员工满意度

指标解读：员工满意度是指员工接受企业的实际感受与其期望值比较的程度。即员工满意度＝实际感受/期望值。员工满意度也称雇员满意度，是企业的幸福指数，是企业管理的"晴雨表"，是团队精神的一种参考。

示例

员工发展满意度评估

宝钢通过调研、评估各层各类特别是一线员工对于员工发展工作的满意程度，并在各单位进行现场发布，人力资源管理人员与一线员工直接对话，听取意见与建议。根据终端"用户"的声音，持续提升各单位员工发展工作。

3 年来，宝钢各单位员工发展工作持续进步，满意度稳步提升，2013 年度员工发展满意度平均值为 81.54 分，整体较 2012 年（78.98 分）提升了 3.2%，参与调研的 15 家公司 10 家分值有不同程度的提升，至此，各单元得分均在满意区及以上，并首次有两家进入高满意区。

——《宝钢集团 2013 年社会责任报告》（P55）

扩展指标 S2.28 员工流失率

指标解读：员工年度流失率＝年度离职人员总数/（年初员工总数＋年度入职人员总数）

示例

2013 年度，POSCO 集团员工幸福指数为 76%，员工流失率为 12%。

——《中国浦项 2013 年社会责任报告》（P25）

5. 职业发展

核心指标 S2.29 员工职业发展通道

指标解读：职业通道是指一个员工的职业发展计划。职业通道模式主要有三类：单通道模式、双通道模式、多通道模式。按职业性质又可分为管理类、技术类、研发类职业通道。

示例

中国松下为员工提供了"专家"和"管理者"双通道的发展方向。

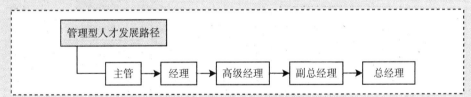

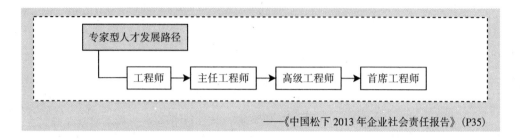

——《中国松下 2013 年企业社会责任报告》（P35）

核心指标 **S2.30 员工培训体系**

指标解读：企业培训体系是指在企业内部建立一个系统的、与企业的发展以及员工个人成长相配套的培训管理体系、培训课程体系、培训师资体系以及培训实施体系。

示例

▲ 员工培训体系

区分	核心价值	领导力量	业务能力	
法人长		驻在员中国力量提升教育	管理/人事部长	
部长		新任驻在员教育	生产部长	
厂长	核心价值实践	部长后备者教育	外部课程	E-learning/体验式培训
组长			Teamwork	
科长		科长能力提高教育	TTT 训练营	
		Trust Leadership	Teambuilding	
			情绪管理	
主任	POSCO Culture Innovator	科长后备者教育	7 个习惯	
主管	Master 研究会	主任能力提高教育	创新思维	
班长	本社模范社员教育	班长能力提高教育	职业规划	
			感恩的心	
一般	改善 Leader 教育	班长后备教育	有效沟通	
	Value Camp	新员工教育	职场礼仪	
	POSFAM Value Ball		钢铁工程/产品知识	

——《中国浦项 2013 年社会责任报告》（P27）

核心指标 S2.31 员工培训绩效

指标解读：本指标主要包括人均培训投入、人均培训时间等培训绩效数据。

示例

	2011 年	2012 年	2013 年
培训投入（万元）	13524.9	14182.3	13199.2
人均培训课时（小时）	111	107	73
人均培训投入（元）	1317	1287	1008

——《宝钢集团 2013 年社会责任报告》(P47)

6. 员工关爱

核心指标 S2.32 困难员工帮扶投入

指标解读：本指标主要指企业在帮扶困难员工方面的政策措施以及资金投入。

示例

困难员工帮扶

公司主要通过工会组织对困难员工的帮扶，当员工遇到困难时，公司和工会及时了解相关情况，第一时间关怀探望，并以经济支援、捐款等方式帮助员工尽力克服困难。2013 年，部分法人公司发生员工困难事件 3 人次，遇到困难的员工获得奖金援助累计 21 万余元。

——《中国浦项 2013 年社会责任报告》(P31)

扩展指标 S2.33 为特殊人群（如孕妇、哺乳期妇女等）提供特殊保护

指标解读：本指标主要指企业为孕妇、哺乳妇女等特殊人群提供的保护设施、保护措施以及特殊福利待遇。

示例

呵护女员工

随着近年来 POSCO 集团在中国事业的不断发展，公司女性员工的数量也在逐渐增加。公司严格遵守《女职工劳动保护特别规定》及相关法律法规，

对孕期、哺乳期女员工给予假期，减轻工作压力，不安排加班，为方便女员工休息与备乳，公司专设女员工休息室，帮助女员工更好地平衡工作与家庭的需要。

——《中国浦项 2013 年社会责任报告》（P31）

核心指标 S2.34 确保员工工作和生活平衡

指标解读：工作生活平衡，又称工作家庭平衡，是指企业帮助员工认识和正确看待家庭同工作间的关系，调和工作和家庭的矛盾，缓解由于工作家庭关系失衡而给员工造成的压力。

示例

员工艺术兴趣团体活动开展情况

● 2013 年职工文体工作以"体现人文关怀、促进身心健康、丰富业余生活、舒缓工作压力、优化生活品质"为宗旨，不断创新职工文体活动的形式和内容，得到好评。

● 第九届职工运动会和第八届老年人运动会为期 5 个月，安全完成各项赛事，参加人数达 9 万人次，创历届运动会之最。

● 宝钢职工艺术团体开展了"文化之旅"、"文化服务进宝钢"、"歌颂祖国、唱响宝钢"职工合唱汇演等系列文化活动，并获得了"上海市十佳歌队"、"上海百佳合唱团"、"上海市五一文化奖"等荣誉称号。

● 举办羽毛球、声乐、主持人等共 20 个项目职工业余培训班、讲座 89 个，参加者 2132 人次。

● 为 2000 余名职工进行体测，并完成《宝钢职工体质状况分析报告》。

● 首次举办以"身心健康与员工发展"为主题的员工论坛，积极推进群众性的文化体育活动，2013 年职工文体协会项目、职工参与面明显扩大，协会由 2012 年的 169 个增加到 422 个，会员由 9000 多人增加到 2 万多人。

——《宝钢集团 2013 年社会责任报告》（P57）

（三）安全生产（S3）

核心指标 S3.1 安全生产管理体系

指标解读：本指标主要描述企业建立安全生产组织体系，制定和实施安全生产制度，采取有效防护措施等，以确保员工安全。

示例

形成《关于优化和完善安全管理体系的指导意见》，大力推进安全管理理念和管理方式的转变。提出安全工作总体上从事后管理向事前管理转变，安全管理重点从管理事故向管理隐患转变，从管理应急向管理预警转变，聚焦现场，聚焦危险源风险预控，强化主体责任和一岗双责责任，逐级培育提升安全管理能力，转变作风从安全生产工作做起。

——《宝钢集团 2013 年社会责任报告》（P59）

扩展指标 S3.2 工伤事故率

指标解读：本指标指企业在报告周期内发生的工伤事故数量或事故率。

示例

近三年员工工伤事故情况			
年 份	伤害人数	伤害频率 （百万工时伤害人数）	伤害严重率 （百万工时损失工作日数）
2013	210	0.78	211.40
2012	47	0.18	106.53
2011	37	0.15	243.74

2013 年，宝钢员工发生各类工伤事故 210 人，其中工亡 7 人、重伤 27 人、轻伤 176 人。由于事故统计要求发生变化，因此同比增加幅度较大。

——《宝钢集团 2013 年社会责任报告》（P59）

扩展指标 S3.3 工时损失率

指标解读：本指标指企业在报告周期内的伤害严重率。

核心指标 S3.4 员工伤亡人数

指标解读：该指标主要包括员工工伤人数、员工死亡人数等数据。

核心指标 S3.5 安全教育培训

指标解读：安全教育培训是指以提高安全监管监察人员、生产经营单位从业人员和从事安全生产工作的相关人员的安全素质为目的的教育培训活动。

示例

● 安全培训

公司组织开发针对性较强的安全培训教育课件和教材，分类实施全员安全培训教育，举办了专业危险辨识、液氨系统、冶金专业安全技术、有限空间安全知识等培训班，强化了专业安全管理。

公司举办为期 45 天的北京科技大学安全专业培训班；每季度对安全内训师、职业健康安全体系内审员进行培训。

公司严格落实安全资质管理制度，公司董事长、总经理、分管安全生产的副总经理、各子（分）公司经理、矿山和尾矿库"三大员"、安全管理人员均依法取得了安全资格证书。

报告期内，公司征集员工安全改善提案 35439 项。

——《太原钢铁集团 2013 年社会责任报告》（P59）

核心指标 S3.6 安全培训绩效

指标解读：该指标主要包括人均安全培训投入、人均培训时间等安全培训绩效数据。

示例

职工安全培训率 100%

特种作业人员持证上岗率 100%

专业安全培训 14428 人次

全员安全培训 23870 人次

安全培训满意度 93.045%

公司级重大风险预防演练 8 次

安全专项检查 362 次

安全费用 5.905 亿元

重大隐患治理率 100%

危险源危险度 5.25%

——《太原钢铁集团 2013 年社会责任报告》（P59）

核心指标　S3.7 安全应急管理机制

指标解读：本指标主要描述企业在建立应急管理组织、规范应急处理流程、制定应急预案、开展应急演练等方面的制度和措施。

示例

为加强和规范突发事故工作的管理、提高处置突发事故的能力、最大限度地预防和减少突发事故及其造成的损害、保障员工生命和公司财产安全，POSCO Family 在华企业依据《生产经营单位生产安全生产事故应急预案编制导则》，制定了完善的应急管理预案，并通过建立统一的应急指挥体系，设置指挥领导小组确保突发事故的有效应对。

● 应急预案根据可能发生的机械伤害、起重伤害、电气伤害、高处坠落、火灾、爆炸、车辆伤害等安全事故类型，明确了公司内部危险区域、危害因素、主要危化品、事故指挥应急领导小组及领导组职责、应急措施、抢救措施、现场医疗救护等事项。

● 定期召开应急演练专门会议在全公司范围内开展桌面演练、功能演练，总结演练情况，提高员工的自我防范意识及自救能力。

● 作业车间设有宽敞的安全通道和多处安全出口、标志明显，在厂区及车间内根据消防要求配置大量灭火器、呼吸器等应急器材，并定期进行检查，确保设备器材性能的完好。

——《中国浦项 2013 年社会责任报告》（P35）

扩展指标　S3.8 安全文化建设及宣贯

指标解读：安全文化建设是指企业从文化的层面研究安全规律，加强安全管理，营造浓厚的安全氛围，强化员工的安全价值观。

> **示例**
>
> ### 安全文化建设
>
> ● 公司安全委员会下设安全文化专业委员会，筹划和推进公司安全文化建设各项工作。公司落实《安全文化建设发展规划》和《2013 年安全文化建设实施方案》，开展一系列安全主题活动。
>
> ● 公司首次发布《安全文化手册》，以简洁的文字、生动的图片和寓意深刻的漫画等形式，图文并茂地向全员传播安全文化理念及基本知识，推动安全文化入脑入心。
>
> ——《太原钢铁集团 2013 年社会责任报告》(P58)

（四）社区责任（S4）

1. 本地化运营

核心指标　S4.1 员工本地化政策

指标解读：员工本地化是指企业在运营过程中应优先雇佣所在地劳动力。其中，员工本地化最重要的是管理层（尤其是高级管理层）的本地化。

> **示例**
>
> 通过日臻完善的教育培训体系，积极推进人力本地化政策，重视本地核心人才的培训和能力培养，培养国际化、高水平的综合型人才。
>
> ——《中国浦项 2013 年社会责任报告》(P21)

核心指标　S4.2 本地化雇佣比例

指标解读：本指标主要指本地员工占运营所在地机构员工的比例。

> **示例**
>
> | 指标 | 单位 | 2011 年 | 2012 年 | 2013 年 |
> |---|---|---|---|---|
> | 本地化雇佣比例 | % | 99 | 99 | 99 |
>
> ——《中国松下 2013 年社会责任报告》(P90)

扩展指标　S4.3 高层管理者中本地人员比例

示例

LG电子在中国的全体员工中，中国员工占98%以上，公司总监以及Team长、Part长、Task Leader由中国员工任职的比例占33.42%。

指标	单位	2011年	2012年	2013年
中国高层员工占比	%	34.23	35.1	33.42

——《LG（中国）2013年社会责任报告》（P27~28）

扩展指标　S4.4 本地采购措施/比例

指标解读：本地采购指企业在所在区域市场内直接采购原材料或者中间产品，实现资源的快速配置。本指标实质指企业在本地化采购方面采取的措施以及本地采购的比例。

示例

参照《中小企业划型标准规定》（工信部联企业〔2011〕300号），采用注册资金≤1000万元（若为外币，则折算）的标准界定为中小企业供应商，近三年宝钢股份总部向中小企业（进口除外）采购资料备件的实绩如下图所示。

按注册在上海市的生产型企业界定为本地供应商（贸易企业、代理商、外资中国公司除外），近三年宝钢股份总部本地采购资料备件的实绩如下图所示。

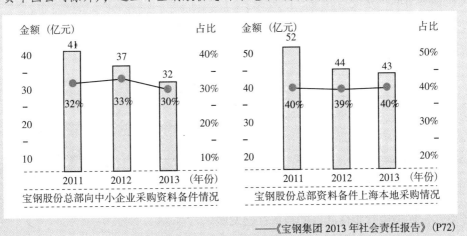

宝钢股份总部向中小企业采购资料备件情况　　宝钢股份总部资料备件上海本地采购情况

——《宝钢集团2013年社会责任报告》（P72）

2. 社区发展

核心指标　S4.5 评估企业运营对社区发展的影响

指标解读：企业在新进入或退出社区时，除进行纯商业分析之外，还应该预先进行社区环境和社会影响评价与分析，积极采纳当地政府、企业和居民的合理建议。

> **示例**
>
> 完成四烧烟气脱硫、钢电公司 1 号机组脱硫脱硝等 5 个项目的环保验收工作。制订联合焦化公司、江北公司回收粗苯蒸馏、一回收煤气净化等 6 个项目竣工环保验收方案。完成一硅钢改造、四冷轧镀锡板、钢电公司脱硝、金资公司报废汽车拆解等 7 个建设项目的环评报告书编制工作，对钢电公司 2 号机组脱硝、五烧烟气脱硫等 6 个建设项目提出必须落实的环保措施等审查意见。
>
> ——《武汉钢铁集团 2013 年社会责任报告》(P47)

核心指标　S4.6 新建项目执行环境和社会影响评估的比率

指标解读：在我国，企业新建项目必须执行环境评估，但执行社会影响评估的比率较少。

扩展指标　S4.7 社区代表参与项目建设或开发的机制

指标解读：企业新建项目时需建立与社区代表的定期沟通交流等机制，让社区代表参与项目建设与开发。

> **示例**
>
> 做好境外项目环评工作，召开项目环境听证会，结合当地政府和当地民众的意见和建议，完善环评大纲。
>
> ——《武汉钢铁集团 2013 年社会责任报告》(P47)

扩展指标　S4.8 企业开发或支持运营所在社区中具有社会效益的项目

指标解读：企业可通过支持社区成员创业、与社区成员共享企业的福利设施等形式，促进运营所在社区的经济社会发展。

示例

武钢博物馆是由武钢创办的中国第一家钢铁博物馆，开馆至今累计接待观众 30 余万人，在弘扬冶金文明和传承行业历史等方面发挥着积极作用。武钢博物馆为广大市民特别是青少年提供了良好的科普教育平台，每年接待来自武汉市、湖北省乃至全国的万余名大中小学生开展科普教育、社会实践、专业实习。武钢博物馆先后被授予"全国科普教育基地"、"湖北省爱国主义教育基地"、"武汉市青山区中小学校外教育基地"称号，并且是武汉科技大学、中南民族大学、国防信息学院等高校的社会实践基地。

——《武汉钢铁集团 2013 年社会责任报告》（P44）

3. 社会公益

核心指标　S4.9 公益方针或主要公益领域

指标解读： 本指标主要指企业的社会公益政策以及主要的公益投放领域。

示例

POSCO 在华法人遵循"for a Better World"的公益慈善核心理念，充分发挥企业资源优势，重点关注社会弱势群体帮扶、助学助教、环境保护等战略性公益慈善领域，根据周边社会的实际需要开展多项公益实践。

——《中国浦项 2013 年社会责任报告》（P17）

扩展指标　S4.10 公益基金/基金会

指标解读： 本指标主要描述企业成立的公益基金/基金会，以及公益基金/基金会的宗旨和运营领域。

示例

为实现"共享企业的 CSR 资源和力量"，中国三星积极与中国青少年发展基金会、中国残疾人基金会等专业基金会合作，发挥双方特长，设立专项基金，确保公益投入的科学性和可持续性。在企业内部，支持各生产法人发挥志愿精神，开展志愿者活动。

——《中国三星 2013 年社会责任报告》（P64）

核心指标 S4.11 捐赠总额

指标解读： 本指标主要指企业年度资金捐助以及年度物资捐助总额。

示例

年份	2012	2013
捐赠总额（万元）	279	540

——《中国浦项 2013 年社会责任报告》（P17）

核心指标 S4.12 支持志愿者活动的政策、措施

指标解读： 志愿服务是指不以获得报酬为目的，自愿奉献时间和智力、体力、技能等，帮助他人、服务社会的公益行为。

示例

宝钢青年志愿者协会成立

一张张年轻自信的脸庞、一件件饱含着爱心的义卖品、一句句真诚的感言、一颗颗乐于奉献的心……2013 年 9 月 15 日，宝钢体育中心篮球馆内人头攒动，爱心涌动。宝钢青年志愿者协会成立仪式暨公益跳蚤集市活动正在这里温情上演。宝钢志愿者和员工的点滴善行，汇聚成一片爱的海洋，共筑友爱的宝钢。

——《宝钢集团 2013 年社会责任报告》（P68）

核心指标 S4.13 员工志愿者活动绩效

指标解读： 本指标主要指志愿者活动的时间、人次等数据。其中，志愿服务时间是指志愿者实际提供志愿服务的时间，以小时为计量单位，不包括往返交通时间。

示例

指标	帮扶		教育		文化		环保		总计	
年份	2012	2013	2012	2013	2012	2013	2012	2013	2012	2013
参加活动人数（人次）	675	667	86	285	0	72	1714	2640	2475	3664

续表

指标	帮扶		教育		文化		环保		总计	
年份	2012		2013		2012		2013		2012	
活动次数（次）	31	29	5	11	0	3	37	75	73	125
活动时长（小时）	86.5	76	21.5	42	0	13	106	144	381	275

——《中国浦项 2013 年社会责任报告》（P17）

扩展指标 S4.14 海外公益

指标解读：该指标包括企业在中国大陆之外开展的公益活动和企业向中国大陆以外地区的捐赠等。

示例

践行海外责任，做好世界公民。公司作为尼日利亚 OML130 项目的合作伙伴之一，积极履行社会责任，每年捐赠约 200 万美元，用于当地教育投入及人员培训；帮助建设 Neuro Psych 联邦中心诊所，并为当地提供医疗应急响应设备，捐赠艾滋病测试成套设备，供应重点护理设备和儿童特殊护理设备，提供救护车等。

——《中国海洋石油总公司 2012 年可持续发展报告》（P71）

五、环境绩效（E 系列）

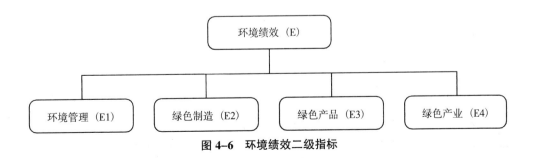

图 4-6 环境绩效二级指标

环境绩效主要描述企业在节能减排、环境保护方面的责任贡献。钢铁业的环境绩效责任主要包括环境管理、绿色制造、绿色产品和绿色产业四大板块。

（一）环境管理（E1）

1. 环境管理体系

核心指标 E1.1 建立环境管理组织体系和制度体系

指标解读：企业应建立环境管理组织负责公司的环境管理工作，并制定相应计划、执行、检查、改进等环境管理制度。

示例

POSCO Family 环境经营体系

Vision：构建追求低碳绿色成长的环境经营全球标准。

战略：统一环境经营体系，强化环境风险应对力量，开放式沟通。

方针：POSCO 将环境视为经营战略之核心要素，为确保环境的健全性，通过技术开发及开放式沟通，倡导低碳绿色成长，付诸如下实践：

● ISO14001 为基础，构建 Family 环境经营体系，确立全球领先地位；

● 遵守环境法规，跨越全流程的持续的环境改善；

● 清洁生产工程导入与最佳防治结束，将污染物排放最低化；

● 有效利用天然资源与副产物，搭建资源循环型社会，提高生态效率性；

● 利用清洁能源使用与低碳技术，降低温室气体排放，倡导低碳绿色成长；

● 公开环境经营成果，确保经营透明度，追求可持续性。

——《中国浦项 2013 年社会责任报告》（P46）

扩展指标 E1.2 环境管理体系认证

指标解读：本指标主要指企业在报告期内是否通过环境管理体系认证。

示例

宝钢股份从 1998 年起率先在国内钢铁业中开展 ISO14001 环境管理体系贯标认证工作，并且是中国第一家通过了认证的企业。

截至 2013 年底，除 2011 年进入宝钢集团的宝钢不锈下属的宝钢德盛外，宝钢集团所属其余钢铁生产企业全部通过了 ISO14001 环境管理体系认证。

宝钢集团多元产业中大部分工业企业也都通过了 ISO14001 环境管理体系认证。

——《宝钢集团 2013 年社会责任报告》(P32)

扩展指标　E1.3 参与或加入环保组织或倡议

指标解读：本指标包括两方面的内容，即企业加入的环保组织和企业参与的环保倡议。

示例

2013 年武钢担任：

● 中国工业经济联合会　主席团主席
● 中国钢铁工业协会　副会长单位
● 中国金属学会　副理事长单位
● 中国集团公司促进会　常务理事单位
● 中国企业联合会/企业家协会　副会长单位
● 中国质量协会　副会长单位
● 中国劳动学会　副会长单位
● 湖北工业经济学会　副会长单位
● 湖北省企业联合会/企业家协会　副会长单位
● 湖北省质量协会　副会长单位
● 湖北省信息协会　副会长单位
● 武汉市企业联合会/企业家协会　副会长单位
● 武汉市质量协会　副会长单位
● 中国可持续发展工商理事会　理事单位
● 中国专利保护协会　理事单位

——《武汉钢铁集团 2013 年企业社会责任报告》(P30)

核心指标 E1.4 企业环境影响评价

指标解读： 根据《中华人民共和国环境影响评价法》，环境影响评价是指对规划和建设项目实施后可能造成的环境影响进行分析、预测和评估，提出预防或者减轻不良环境影响的对策和措施，进行跟踪监测的方法与制度。

除国家规定需要保密的情形外，对环境可能造成重大影响、应当编制环境影响报告书的建设项目，建设单位应当在报批《建设项目环境影响报告书》前举行论证会、听证会，或者采取其他形式，征求有关单位、专家和公众的意见。

示例

产品生命周期研究

生命周期评价（LCA）是一种量化评估产品生命周期过程的环境负荷和环境影响的方法。2013 年宝钢 LCA 工作主要围绕国家标准的制定、产品生态设计的典型案例、绿色产品环境绩效量化标准方法和绿色营销支撑案例开展研究。

2013 年 12 月宝钢制定了第一个与钢铁产品环境特性相关的国家标准《钢铁产品制造生命周期评价技术规范（产品种类规则）》，并于 2013 年 12 月由国家标准化管理委员会正式公告发布（标准号：GB/T30052–2013）。该标准对钢铁产品生命周期评价技术进行了规范，充分体现了钢铁业特点，对钢铁产品生命周期评价的范围定义、计算逻辑与方法、分配方法等重点内容，进行了可操作性的描述，具有先进性和适用性。

2013 年，宝钢完成了中钢协"2020 年中国钢铁工业若干重大问题"项目中可持续发展专题下的子课题，主要研究内容为"钢铁全生命周期评价理念下，对全社会节能减排的贡献研究"。

——《宝钢集团 2013 年社会责任报告》(P41)

核心指标 E1.5 环保总投资

指标解读： 本指标指年度投入环境保护的资金总额。

示例

2013 年，武钢青山本部环保费用总投入为 139089 万元。

——《武汉钢铁集团 2013 年社会责任报告》(P48)

2. 环境监控

核心指标　E1.6 环境监控管理体系

指标解读：企业应建立环境质量监督检查和考核评价制度，监督企业污染源的达标排放以及重点区域的污染防治等，进一步加强环境信息公开。

示例

报告期内，公司新建成厂区地下水水质在线监测系统、厂界噪声自动监测系统、外排固体废弃物拉运车辆 GPS 定位跟踪系统、厂内运输及工程机械车辆尾气监测系统、手机环境信息平台警示系统，环境监控范围和数据覆盖面进一步扩大，环境监控体系日臻完善。

● 水质在线监测系统

公司严密监控地下水质，杜绝污染排放物进入地下水系统；关注地下水水位变化，采取相应措施，改善水资源条件。

● 噪声自动监控系统

随着厂区周边居民住宅的逐渐增多，公司围绕厂区布设噪声自动监控点，对噪声实时监控，同时邀请太原市专业人员进行噪声监测。针对噪声自动监测结果，公司相关部门及时分析原因，采取相应整改措施。

● 车辆 GPS 跟踪系统

公司对固体废弃物拉送出厂的所有车辆实施 GPS 跟踪系统，对运输车辆制定的行车路线进行实时监控，杜绝废弃物随意倾倒而造成的环境污染。

● 车辆尾气检测系统

公司对厂区车辆开展尾气检测，对检测合格的车辆发放带有二维码的尾气合格证。报告期内，公司对尾气排放不合格的 41 辆车给予摘牌停运处罚。

● 手机环境信息平台警示系统

当厂区生产作业过程中发生污染排放现象或监测点污染物排放浓度出现异常时，公司环境监控中心立即通过收集短信把环境污染状况和数据信息及时传递到责任单位，督促实施管控。报告期内，共发送环境污染和环保设施运行警示信息 48 条，推动 16 个集团单位迅速整改。

——《太原钢铁集团 2013 年社会责任报告》(P41)

核心指标　　E1.7 环境信息公开

指标解读：本指标指企业将其环境信息通过媒体、互联网等方式，或者通过公布企业年度环境报告的形式向社会公开。

企业应当按照自愿公开与强制性公开相结合的原则，及时、准确地公开企业环境信息。环境信息公开标准参照 2007 年原国家环保总局颁发的《环境信息公开办法（试行）》（总局令第 35 号）的管理规定执行。

根据相关规定，企业可自愿公开下列企业环境信息：

（1）企业环境保护方针、年度环境保护目标及成效；

（2）企业年度资源消耗总量；

（3）企业环保投资和环境技术开发情况；

（4）企业排放污染物种类、数量、浓度和去向；

（5）企业环保设施的建设和运行情况；

（6）企业在生产过程中产生的废物的处理、处置情况，废弃产品的回收、综合利用情况；

（7）与环保部门签订的改善环境行为的自愿协议；

（8）企业自愿公开的其他环境信息。

示例

公司开展环保状况日报告和环境污染周报制度，增强了污染防控的时效性。公司在企业网站首页开设《环境信息公开》专栏，向社会公众发布公司环境基础信息、自行监测方案、自行监测结果、未自测原因、年度监测报告等内容。同时，公司在《太钢日报》和政府环保部门网站上公开发布污染源自行监测结果，接受社会公众监督。

开展每月一次的"环保公众开放日"活动，邀请社会各界人士以及周边居民走进厂区，对公司环保情况进行现场监督。这是公司主动敞开大门，吸引市民建言献策，进一步提升环保水平的重要举措。

——《太原钢铁集团 2013 年社会责任报告》(P42)

核心指标　　E1.8 环境监控绩效

指标解读：本指标指企业在报告中公开环境监控方面的数据信息，例如检测次数、环境监控巡查次数以及核查污染项目数等信息。

> **示例**
>
> 2013 年，武钢继续监督污染源的达标排放情况，对 21 个废水排放口进行 960 次、147 个废弃排放口进行 410 次人工检测。坚持每周不少于 2 次的环保巡查制度，全年开展环保巡查 300 人次，专项核查国控污染项目 20 项次，督促整改重点区域噪声粉尘污染等问题点 19 项。
>
> ——《武汉钢铁集团 2013 年社会责任报告》（P46）

3. 环境应急管理

核心指标　E1.9 环保预警及应急机制

指标解读： 根据《国家突发环境事件应急预案》，环境应急是指针对可能或已发生的突发环境事件需要立即采取某些超出正常工作程序的行动，以避免事件发生或减轻事件后果的状态，也称为紧急状态；同时也泛指立即采取超出正常工作程序的行动。本指标是指企业在环境管理体系方面的应急管理制度或措施。

> **示例**
>
> 公司重视环境安全行为，每月定期由安全管理部门进行检查，制定检查报告，并上报至最高管理者，发现问题立即改善：
>
> ● 拥有统一的应急指挥体系，在紧急情况下快速、科学、有效地组织事故抢险、救援的应急机制，控制环境污染事件危害的蔓延，减小伴随的环境影响，保障公众健康和环境安全，制定了《突发环境事件应急预案》，对事故应急救援组织机构职责进行明确分工，充分发挥整体救援能力，逐步建立起有效的应急救援体系，并定期有针对性地对应急预案进行演练。
>
> ● 应急预案包括：危险废物应急预案、辐射安全事故应急预案、危险化学品应急预案、废水超标应急措施。
>
> ● 当废气排放不达标时立即停止生产，确认焚烧炉的处理状况，废水处理不合格时不得排放，必须重新处理合格后方可排放，针对硫酸、盐酸发生泄漏情况进行应急演练，不对周边环境造成影响。
>
> ● 所有新建、扩建、改建项目均严格遵守《中华人民共和国环境影响评

价法》及《建设项目环境保护管理条例》等相关规定，依法进行环境影响评价，建设项目的环境影响评价工作，均委托由取得相应资格证书的第三方机构承担。

——《中国浦项 2013 年社会责任报告》(P50)

核心指标 E1.10 环境风险防控

指标解读： 环境风险防控是指对建设项目在建设和运行期间发生的可预测突发性事件或事故（一般不包括人为破坏及自然灾害）引起有毒有害、易燃易爆等物质泄漏，或突发事件产生的新的有毒有害物质，所造成的对人身安全与环境的影响和损害进行防范及控制。本指标是指企业在环境风险防控上提出合理可行的防范、应急与减缓措施。

示例

公司通过定期召开公司级的环境安全专题会议、环境污染控制专题工作会议、环保升级提效工作会议等，明确逐级环境风险防控责任，严格落实环保标准和管理规范，分析研究存在的问题，及时研究相应的对策，为环境风险防控提供决策依据。

——《太原钢铁集团 2013 年社会责任报告》(P41)

4. 环保培训

核心指标 E1.11 环保培训

指标解读： 本指标是指企业对员工（或利益相关方）开展的关于环境保护方面的培训或宣传活动。

示例

拍摄《节能减排现状及思考》专题片，组织 4 次有公司领导参加的环保专题会议，6 次厂级领导和环保管理人员参加的环保新标准、大气污染防治、两高司法解释等环保政策法规措施宣贯学习。

2013 年，国家环保部发布 8 项钢铁工业污染物排放系列标准，为切实落实钢铁业排放新标准，武钢组织全公司开展新标准的学习培训，并拟定 5

方面达标治理措施。

——《武汉钢铁集团 2013 年社会责任报告》（P48）

核心指标　E1.12 环保培训绩效

指标解读：本指标包括环保培训人数、环保培训投入、环保培训时间等。

示例

环保培训对象：1035 人次；投入 110237 元；时间 409 小时。

——《浦项中国 2013 年社会责任报告》（P47）

5. 绿色办公

核心指标　E1.13 绿色办公措施和绩效

指标解读：绿色办公措施，包括但不限于以下内容：

（1）夏季空调温度不低于 26 摄氏度；

（2）办公区采用节能灯具照明，且做到人走灯灭；

（3）办公区生活用水回收再利用；

（4）推广无纸化办公，且打印纸双面使用；

（5）办公垃圾科学分类；

（6）推行视频会议减少员工出行等。

绿色办公绩效包括办公用电量、用水量、用纸量以及垃圾处理量等方面的数据。

示例

将环保、绿色办公的理念融入相关制度和规定，实现办公信息化、无纸化，使用网上视频会议系统，减少因公出差产生的碳排放。通过会议室、办公区域等场所照明的智能控制实现"人走灯灭"，夏季室内空调温度设置不得低于 26℃；计算机、打印机、复印机等办公自动化设备尽量减少待机消耗。

外出办公绿色出行，尽可能安排员工共同用车，合理安排行驶路线，减少能源消耗。

——《武汉钢铁集团 2013 年社会责任报告》（P48）

(二) 绿色制造 (E2)

1. 能源管理

核心指标 E2.1 建立能源管理体系

指标解读：本指标所称能源是指能够直接取得或者通过加工、转换而取得有用能的各种资源，包括煤炭、原油、天然气、煤层气、水能、核能、风能、太阳能、地热能、生物质能等一次能源和电力、热力、成品油等二次能源以及其他新能源和可再生能源。

能源管理是指对能源消费过程中涉及的计划、组织、控制和监督等一系列工作。企业应通过系统的能源管理，通过实施一套完整的标准、规范，在组织内建立起一个完整有效的、形成文件的能源管理体系。关于能源管理体系的具体要求和内容可参考 GB/T 23331–2009《能源管理体系要求》国家标准。

示例

宝钢在国内相关行业中最先开展能源管理体系贯标认证。

2013 年，在继续推进能源管理体系建设的基础上，重点推进韶关钢铁能源管理体系建设工作。通过加强培训、建章立制、理顺管理，韶关钢铁能源管理体系能力迅速提高，于年底前通过了能源管理体系现场审核。

宝钢股份直属厂部在学习消化《能源管理体系》2012 年版新标准的同时，制定完善了能源管理绩效评价办法，完成新增、更换国家法律法规、标准的识别 56 条，规范体系运行检查，并对 116 条重要能耗源及 50 项关键能效因子落实措施，关键能效因子进步率达到 66%，使能源管理从目标管理转为目标管理和过程管理双控制的管理方式。

——《宝钢集团 2013 年社会责任报告》(P32)

核心指标 E2.2 全年能源消耗总量

指标解读：本指标是指报告期内企业生产和运营所直接消耗的各种能源折合标准煤数量。一般情况下，纳入统计核算的常规能源产品（实物量）分为五大类，即煤、油、气、电、其他燃料。

(1) 煤包括：原煤、洗精煤、其他洗煤、煤制品（型煤、水煤浆、煤粉）、焦炭、其他焦化产品、焦炉煤气、高炉煤气、其他煤气。

（2）气包括：天然气、液化天然气。

（3）油包括：原油、汽油、煤油、柴油、燃料油、液化石油气、炼厂干气、其他石油制品。

（4）电包括：火电、水电及核电等其他一次电力。

（5）其他燃料包括：煤矸石、生物质能、工业废料、城市固体垃圾、热力。

示例

2011~2013 年武钢青山本部主要能耗指标——能源消耗总量（万吨标准煤）：

2011 年	2012 年	2013 年
1138.11	1053	1078

——《武汉钢铁集团 2013 年社会责任报告》(P49)

核心指标　E2.3 企业单位产值综合能耗

指标解读： 本指标指报告期内企业综合能耗与报告期内净产值之比，通常以万元产值综合能耗/万元增加值综合能耗为单位进行计量。

2. 水资源管理

核心指标　E2.4 减少废水排放的制度、措施或技术

指标解读： 本指标主要指报告期内企业对生产中所产生的生活污水以及生产废水采取的减排和处理措施、技术等。

示例

鞍钢集团积极探索绿色发展之路，不断强化水资源循环使用和废水治理，采用节水性生产工艺或不耗水工艺，从生产源头开始治理，变"末端治理"为"提前预防"。2013 年，鞍钢集团实施厂级项目共 22 项，吨钢耗新水量同比降低 3.12%，COD 排放量同比降低 6.72%，废水全部实现达标排放；鞍山钢铁、攀钢水循环利用率分别达到 96.96%、96%。

——《鞍钢集团 2013 年可持续发展报告》(P58)

核心指标 E2.5 建设节水型企业

指标解读：根据工业和信息化部、水利部以及全国节约用水办公室《关于深入推进节水型企业建设工作的通知》（工信部联节〔2012〕431 号，以下简称《通知》），节水型企业建设要完善企业节水管理，加强定额管理，完善用水计量，加强节水技术改造，推进工业废水回用，提高水资源重复利用率，提高职工节水意识。具体标准可参考《通知》。

示例

● 新建工业废水回收膜处理工程

公司自主创新的控制、清洗等技术，采用国内外水体除盐中的预处理＋超滤系统＋反渗透系统的先进工艺流程，新建工业废水回收膜处理工程，设计处理规模 4.8 万吨/日，对生产污水进行深度处理并回用生产。

● 轧钢含油废水处理工程

报告期内，轧钢含油废水处理项目主体工程建设完成，正式投运后，将对轧钢系统生产过程中所产生的乳化液、浓碱油废水、稀碱油废水进行分质处理并回用，为后续集中废水处理回用系统的高效稳定运行创造良好条件。

● 焦化废水深度处理工程

建成焦化废水活性炭粉深度处理工程，利用烧结脱硫产生的废活性碳粉末 20 吨对废水进行吸附处理，每日可消纳利用废活性炭粉末 20 吨，降低焦化废水中 COD 浓度 30% 以上；活性炭再回用焦炉，可替代焦煤 7300 吨/年，实现了以废治废和废弃物高效循环利用。

● 高炉冲渣水余热回收工程

高炉冲渣水余热回收是世界性难题。报告期内，公司与清华大学合作研制成功高炉冲渣水取热利用换热式工艺及相关换热设备，并应用于五号高炉冲渣水系统冬季供热，实现了冲渣水余热的全部回收，公司成为太原市重要的热源厂。

——《太原钢铁集团 2013 年社会责任报告》（P44）

核心指标 E2.6 废水排放量及减排量

指标解读：本指标主要指报告期内企业的废水排放量及减排量，是一个定量指标。

核心指标　E2.7 年度新鲜水用水量/单位工业增加值新鲜水耗

指标解读：工业用新鲜水量指报告期内企业厂区内用于生产和生活的新鲜水量（生活用水单独计量且生活污水不与工业废水混排的除外），它等于企业从城市自来水取用的水量和企业自备水用量之和。工业增加值指全部企业工业增加值，不限于规模以上企业工业增加值。单位工业增加值新鲜水耗＝工业用新鲜水量/工业增加值。

核心指标　E2.8 中水循环使用量

指标解读：中水是指各种排水经处理后，达到规定的水质标准，可在生活、市政、环境等范围内杂用的非饮用水。因为它的水质指标低于生活饮用水的水质标准，但又高于允许排放的污水的水质标准，处于二者之间，所以称为"中水"。

核心指标　E2.9 吨钢耗新水量

指标解读：本指标指企业生产一吨钢所消耗的水量，是一个定量指标。

核心指标　E2.10 吨钢化学需氧量

指标解读：化学需氧量（COD）排放量是工业废水中 COD 排放量与生活污水中 COD 排放量之和。化学需氧量指用化学氧化剂氧化水中有机污染物时所需的氧量。本指标是指企业生产一吨钢所排放的废水中的 COD 总量。

3. 应对气候变化

核心指标　E2.11 减少废气排放的政策、措施或技术

指标解读：一般情况下，企业生产废气主要包括二氧化硫（SO_2）、二氧化氮（NO_2）、可吸入颗粒物（PM10）、大气细颗粒物（PM2.5）。本指标是指企业在报告期内对空气减排所采取的政策、措施或技术等，为定性指标。

示例

采用氧化还原去除氮氧化物，碱液吸收去除酸性气体技术、退火炉废气回收利用，前处理循环水加热、安装使用 RTO（废气焚烧炉）设备。

——《中国浦项 2013 年社会责任报告》(P49)

核心指标　E2.12 废气排放量及减排量

指标解读：本指标主要指报告期内企业的废气排放量及减排量。

核心指标　E2.13 吨钢二氧化硫排放量

指标解读： 本指标指报告期内企业生产一吨钢所产生二氧化硫的排放量。

核心指标　E2.14 减少温室气体排放的计划及行动

指标解读： 温室气体指任何会吸收和释放红外线辐射并存在于大气中的气体。《京都议定书》中规定控制的 6 种温室气体为：二氧化碳（CO_2）、甲烷（CH_4）、氧化亚氮（N_2O）、氢氟碳化合物（HFCs）、全氟碳化合物（PFCs）、六氟化硫（SF_6）。

示例

　　宝钢结合国家对温室气体特别是二氧化碳排放管理及交易试点工作进展，于 2013 年初成立了碳减排办公室，对公司的碳排放和碳交易实施归口管理和业务指导。

　　2013 年，公司跟踪、分析国际、国内碳减排和碳交易发展趋势和政策，研究公司碳排放、碳资产管理思路和管理方法，指导试点企业开展相关工作，并开始制订公司内部相关的管理流程和标准。

　　上海被国家发展和改革委员会确定为开展碳排放权交易试点的七个省市之一，宝钢股份、宝钢不锈和宝钢特钢等八家企业列为上海市碳排放权交易试点企业。

　　宝钢积极参与上海市碳交易试点政策的研究，组织碳交易试点单位与政府的谈判和协调，完成上海市碳交易试点单位 2009~2011 年的碳排放核查工作，与上海市发展和改革委员会及碳交易试点办公室商谈 2013~2015 年试点期间碳排放配额的分配方案。

　　2013 年，上海市碳排放权交易在上海环境能源交易所开市。宝钢股份作为试点企业之一，在开市当日领取了 2013~2015 年碳排放权额度证书。

——《宝钢集团 2013 年社会责任报告》（P35）

扩展指标　E2.15 温室气体排放量及减排量

指标解读： 关于温室气体的核算，可参考 ISO14064 温室气体排放核算、验证标准，也可参考国家发展改革委 2013 年发布的《中国水泥生产企业温室气体排放核算方法与报告指南（试行）》、《中国电解铝生产企业温室气体排放核算方法与报告指南（试行）》、《中国电网企业温室气体排放核算方法与报告指南（试行)》、《中国发电企业温室气体排放核算方法与报告指南（试行)》、《中国钢铁生产企业温室气体排放核算方法与报告指南（试行)》、《中国化工生产企业温室气体排放核算方法与报告指南（试行)》、《中国镁冶炼企业温室气体排放核算方法与报告指南（试行)》、《中国民用航空企业温室气体排放核算方法与报告指南（试行)》、《中国平板玻璃生产企业温室气体排放核算方法与报告指南（试行)》和《中国陶瓷生产企业温室气体排放核算方法与报告指南（试行)》。

4. 固体废弃物管理

核心指标　E2.16 危险物质管理

指标解读: 本指标指企业在进行危险物质管理时（如辐射安全管理、危险废物管理等），所建立的管理制度以及措施。

示例

严格执行危险废物污染防治制度，各类危险废物转移均向武汉市环保局上报并获得行政审批。完成公司危废产生源网上申报登记工作。组织烧结厂、联合焦化公司等单位对二噁英排放情况进行调查，并完成《武钢二噁英环境信息统计表》。2013 年武钢青山本部处理危险废弃物 5202 吨，处理率达到 100%。

——《武汉钢铁集团 2013 年社会责任报告》(P47)

核心指标　E2.17 减少废弃物排放制度、措施或技术

指标解读: 本指标主要指报告期内企业减少固体废弃物排放的制度或措施。

示例

积极开展固体废弃物综合利用和技术研发，努力推进冶金废渣高附加值利用和废钢循环利用。

年产 180 万吨矿渣微粉项目建成投产，武钢矿渣微粉项目总体达到年产 300 万吨能力，每年可加工利用约 340 万吨高炉渣，减排二氧化碳 265 万吨，该项目为生产用途广泛的新型绿色建材产品，具有良好的社会效益、环境效益和经济效益。

通过钢渣符合料在道路路面上推广使用、铸余渣冷热态再循环等技术的实施，实现了钢渣等固废减量化。

——《武汉钢铁集团 2013 年社会责任报告》(P52)

核心指标　E2.18 废弃物排放量及减排量

指标解读：本指标主要指报告期内企业的废弃物排放量及减排量。具体包括固废资源回收量、固废资源产业化率、固废资源回收量、同比节能量等。

核心指标　E2.19 副产品综合利用

指标解读：本指标主要指报告期内企业的副产品综合利用绩效，为定量指标，主要披露数据包括固废综合利用率、返回生产利用率、危险废物安全处置率等。

核心指标　E2.20 固体废弃物综合利用率

指标解读：本指标主要指报告期内企业固体废弃物综合利用率。

5. 清洁生产

根据《中华人民共和国清洁生产促进法》(2012)，清洁生产是指不断采取改进设计、使用清洁的能源和原料、采用先进的工艺技术与设备、改善管理、综合利用等措施，从源头削减污染，提高资源利用效率，减少或者避免生产、服务和产品使用过程中污染物的产生和排放，以减轻或者消除对人类健康及环境的危害。

核心指标　E2.21 清洁生产审核

指标解读：本指标是指企业按照一定程序，对生产和服务过程进行调查和诊断，找出能耗高、物耗高、污染重的原因，提出减少有毒有害物料的使用、产生，降低能耗、物耗以及废物产生的方案，进而选定技术可行、经济合算及符合环境保护的清洁生产方案的过程。生产全过程要求采用无毒、低毒的原材料和无污染、少污染的工艺和设备；对产品的整个生命周期过程则要求从产品的原材料选用到使用后的处理和处置不构成或减少对人类健康及环境的危害。

示例

清洁生产推进与审核工作是宝钢集团的重点管理项目之一。2013 年，继续组织和推进开展清洁生产审核工作。八一钢铁、韶关钢铁、宝钢工程、宝钢金属和宝钢发展等都组织开展并完成部分工业企业的清洁生产审核工作。

——《宝钢集团 2013 年社会责任报告》(P34)

6.节能减排

核心指标　E2.22 节能减排管理

指标解读：企业应制定相应的节能减排管理制度，安排计划、执行、检查、改进等节能减排工作。

示例

宝钢加强节能减排管理

组织编制《2013 年宝钢集团节能减排专项计划》、《环境经营驱动者计划》，对集团和各子公司的节能减排工作提出明确的目标和工作措施；制订了对二级单位的节能减排绩效指标考核目标，纳入业绩评价考核；按月进行动态监控、跟踪，每季度召开能源环保工作例会进行分析和评价，确保节能减排指标全面受控。

2013 年，节能减排指标顺利完成公司年度目标和上海市节能减排责任目标。国家"万家企业低碳节能行动"工作稳定有序，宝钢按时间节点超额完成节能量目标。

——《宝钢集团 2013 年社会责任报告》(P34)

核心指标　E2.23 节约能源政策措施

指标解读：节约能源是指通过加强用能管理，从能源生产到消费的各个环节，降低消耗，减少损失和污染物排放，制止浪费，有效、合理地利用能源。

示例

推进清洁生产工艺技术的应用，努力实现废弃物的减量化、无害化、资源化。

节能减排，大力推广冶金新技术的应用。

严格控制燃料和矿石含硫量，以气代煤，提高清洁原燃料比重，加强污染物源头控制力度。

推行当前国内外先进成熟的各类废渣、废液、废油、余热、余压、副产煤气和污水资源化及提高循环水浓缩倍数的技术。

健全环境保护管理体系，强化环境科学化、系统化和规范化管理，加强环境监测和监督检查力度。

——《武汉钢铁集团 2013 年社会责任报告》(P46)

核心指标 E2.24 发展循环经济政策、措施

指标解读：根据《中华人民共和国循环经济促进法》(2008)，循环经济是指在生产、流通和消费等过程中进行的减量化、再利用、资源化活动的总称。

(1)减量化是指在生产、流通和消费等过程中减少资源消耗和废物产生；

(2)再利用是指将废物直接作为产品或者经修复、翻新、再制造后继续作为产品使用，或者将废物的全部或者部分作为其他产品的部件予以使用；

(3)资源化是指将废物直接作为原料进行利用或者对废物进行再生利用。

示例

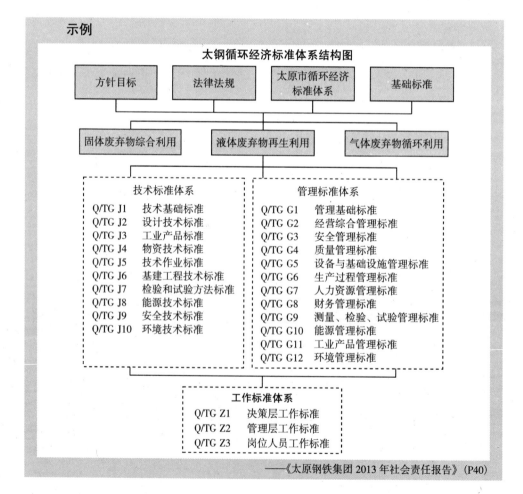

太钢循环经济标准体系结构图

| 方针目标 | 法律法规 | 太原市循环经济标准体系 | 基础标准 |

固体废弃物综合利用　　液体废弃物再生利用　　气体废弃物循环利用

技术标准体系

Q/TG J1	技术基础标准
Q/TG J2	设计技术标准
Q/TG J3	工业产品标准
Q/TG J4	物资技术标准
Q/TG J5	技术作业标准
Q/TG J6	基建工程技术标准
Q/TG J7	检验和试验方法标准
Q/TG J8	能源技术标准
Q/TG J9	安全技术标准
Q/TG J10	环境技术标准

管理标准体系

Q/TG G1	管理基础标准
Q/TG G2	经营综合管理标准
Q/TG G3	安全管理标准
Q/TG G4	质量管理标准
Q/TG G5	设备与基础设施管理标准
Q/TG G6	生产过程管理标准
Q/TG G7	人力资源管理标准
Q/TG G8	财务管理标准
Q/TG G9	测量、检验、试验管理标准
Q/TG G10	能源管理标准
Q/TG G11	工业产品管理标准
Q/TG G12	环境管理标准

工作标准体系

Q/TG Z1	决策层工作标准
Q/TG Z2	管理层工作标准
Q/TG Z3	岗位人员工作标准

——《太原钢铁集团 2013 年社会责任报告》(P40)

扩展指标　E2.25 企业使用新能源、可再生能源或清洁能源的政策、措施

指标解读：新能源是指在新技术基础上开发利用的非常规能源，包括风能、太阳能、海洋能、地热能、生物质能、氢能、核聚变能、天然气水合物等；可再生能源是指风能、太阳能、水能、生物质能、地热能、海洋能等连续、可再生的非化石能源；清洁能源是指环境污染物和二氧化碳等温室气体零排放或者低排放的一次能源，主要包括天然气、核电、水电及其他新能源和可再生能源等。

示例

新能源技术应用

2013 年，宝钢新能源工作继续获得发展。继宝钢股份"金太阳"太阳能发电工程实施以来，在合同能源管理模式的推动下，宁波钢铁、宁波宝新和宝钢轧辊等也相继实施"金太阳"太阳能发电工程并相继建成发电。

——《宝钢集团 2013 年社会责任报告》(P34)

扩展指标　E2.26 新能源、可再生能源或清洁能源使用量

指标解读：本指标指企业在报告期内对新能源、可再生能源或清洁能源的使用数量。

核心指标　E2.27 再生资源循环利用率

指标解读：本指标主要指废旧金属、报废电子产品、报废机电设备及其零部件、废造纸原料（如废纸、废棉等）、废轻化工原料（如橡胶、塑料、农药包装物、动物杂骨、毛发等）、废玻璃等再生资源的循环利用程度。再生资源循环利用率 = 再生资源循环量/再生资源量 × 100%。

扩展指标　E2.28 打造绿色物流系统

指标解读：本指标指企业建立一种能减少企业能源消耗、提高企业节能减排工作水平的绿色物流系统。

示例

以绿色低碳、智能环保、投入产出效益最大化等为基本原则，积极研究物流新技术，通过运输标准化托盘技术、GPS 管控系统、客服管理系统、厢式汽车运输技术、快速封舱技术等先进物流技术，提高物流作业效率，减少

加固材料物耗，节约了资源和一次性辅材对环境的污染；降低了物流综合成本。

——《武汉钢铁集团 2013 年社会责任报告》（P48）

（三）绿色产品（E3）

1. 绿色供应链

核心指标　E3.1 供应商通过 ISO14000 环境管理体系认证的比例

指标解读：本指标指企业的供应商中通过 ISO14000 环境管理体系认证的比例。

扩展指标　E3.2 提升供应商环境保护意识和能力的措施

指标解读：本指标主要描述企业为其供应商提供环境保护相关内容的培训或宣传教育等活动。企业应利用其在价值链中的影响力，发挥自身优势，提升包括供应商在内的价值链伙伴在环保方面的意识和能力。

示例

中国移动积极促进产业绿色合作，打造绿色产业标准，推动产业绿色发展。

● 推动绿色标准：联合产业链合作伙伴全面更新设备节能分级标准，并推动设备节能分级行业标准制定。

● 推广绿色包装：联合 8 家设备制造商共同承担工业和信息化部（工信部）"机电产品包装节材代木"试点工作，共同推动通信产品的"绿色包装"。2012 年实现节材代木 4.6 万立方米，从 2011 年至今累计节材代木 9.1 万立方米。

——《中国移动 2012 年可持续发展报告》（P33）

---

2. 绿色低碳产品研发

核心指标　E3.3 支持绿色低碳产品的研发与销售

指标解读：根据国家发展和改革委员会与国家认证认可监督委员会联合颁发的《低碳产品认证管理暂行办法》（发改气候〔2013〕279 号），国家建立统一的低碳产品认证制度。实行统一的低碳产品目录，统一的标准、认证技术规范和认证规则，统一的认证证书和认证标志。国家低碳产品认证的产品目录，由国务院发展改革部门会同国务院认证认可监督管理部门制定、调整并发布。

关于绿色产品和低碳产品的区别。绿色产品是对产品的环境性能的一种带有公证性质的鉴定，是对产品全面的环境质量的评价。环境标志又称"环境标签"、"绿色标志"，企业获得绿色标志即表明该产品的生产、使用及处理过程均符合环境保护的要求，不危害人体健康，其垃圾无害或危害极小，有利于资源再生和回收利用。低碳产品是以产品为链条，吸引整个社会在低碳产品生产和消费环节参与并应对气候变化。通过向产品授予低碳标志，从而向社会推进一个以顾客为导向的低碳产品采购和消费模式。以公众的消费选择引导和鼓励企业开发低碳产品技术，向低碳生产模式转变，最终达到减少全球温室气体的效果。

绿色低碳产品是指在其生命周期中，即产品的生产、使用及处理过程均符合环境保护要求，不危害人体健康，其垃圾无害或危害极小、有利于资源再生和回收利用。

示例

2013 年，宝钢股份明确了绿色产品定义和分类原则，继续将所有产品分成三类：第一类是符合各国环保法规要求的基本型（BASE 型）产品；第二类是具有良好环境绩效的优良型（BETTER 型）产品；第三类是具有优越的环境绩效，采用突破性技术，环境绩效和经济绩效俱佳的全球领先的尖端型（BEST 型）产品，建立绿色产品经营目标，持续为社会提供绿色产品。2013 年宝钢股份销售优良型（BETTER 型）绿色产品 580 万吨、尖端型（BEST 型）绿色产品 73 万吨。例如，第三代超高强钢镀锌 980Q&P 显著提高汽车轻量化以及车辆全生命周期的节能减排效果，每车使用 1kg 先进高强钢，其全生命周期中可减少约 8kg 的二氧化碳排放。

——《宝钢集团 2013 年社会责任报告》（P40）

（四）绿色产业（E4）

1. 绿色社区

核心指标 E4.1 打造绿色产业链

指标解读：本指标是指企业将绿色理念贯穿于整个产品生命周期。

示例

宝钢的绿色产业就是整合节能环保技术，发展节能环保产业，扩大钢铁业自身积累的节能及环境改善技术在行业内外的应用，对节能环保技术进行系统的商业化开发，形成为行业内外提供节能环保解决方案的能力，在为社会提供有价值的产品和服务的同时，实现企业经济效益和社会效益的双重收益。

——《宝钢集团 2013 年社会责任报告》（P43）

扩展指标　E4.2 建设绿色社区

指标解读："绿色社区"是指具备一定的符合环保要求的设施，建立起较完善的环境管理体系和公众参与机制的文明社区。本指标是指企业对所在社区承担相应的环保责任，不仅要在企业内建设绿色工厂，对企业所在社区的环保上也要贡献力量。

示例

宝钢股份在线发布总部厂区空气质量指数

为大力推进环保过程信息化建设，提高环境监察水平，宝钢股份总部厂区空气质量指数 AQI（Air Quality Index）从 4 月起发布试运行。该监测系统为宝钢出资捐建，由此，宝钢股份总部厂区空气质量指数监测数据进入宝山区环保局实时监测。除了采用网站发布外，还同步推出了"宝钢空气质量"手机应用软件，方便员工随时关注厂区空气质量变化，实时监督排放，人人关注环境。

——《宝钢集团 2013 年社会责任报告》（P36）

扩展指标　E4.3 建设绿色矿山

指标解读：本指标是指企业进行矿山开采时，要遵守国家相关法律规定，认真制订好绿色矿山建设发展规划，明确具体工作任务、安排、进度和措施等，积极全面推进各项工作的开展，实现绿色矿山建设目标。

示例

"绿色矿山"把资源"吃干榨净"

针对国内矿山品位低、埋藏深、开采成本高的现状，积极提升资源高效开采和综合利用水平。

实施无废开采工艺，包括：剥离岩土填海造地，实现了废石岩土的循环利用，可以消化近十多亿吨采矿剥离岩土，减少耕地占用两万亩，避免搬迁村民4500户，实现年综合经济效益1亿多元；首创采煤塌陷坑建设尾矿库方法，将腾退和建造农田2840余亩。采用充填法开采地下矿，不设排土场、尾矿库，剥离岩土和尾矿回填井下。

完成目前亚洲最大的矿山堵水帷幕工程，保护了区域地下水环境免遭破坏。

——《河北钢铁集团2013年社会责任报告》(P26)

2. 生态恢复与治理

核心指标 E4.4 生态环境管理

指标解读：本指标是指企业在进行生产过程中注重对企业所在地生态环境的保护和改善，以及在这一管理理念下所采取的制度、措施等。

示例

围绕创建"绿色武钢"，打造生态环保型企业目标，2013年，武钢全年共栽种绿植303694株，培育各类草花223810株盆，矿山完成土地复垦造林绿化440亩，复垦植树27590株，完成重点绿化项目16个，有效改善了武钢厂区、矿区及住宅区绿化环境面貌。武钢股份烧结厂获评"武汉市绿化模范单位"，北湖经济开发公司获评"武汉市绿化先进单位"。

——《武汉钢铁集团2013年社会责任报告》(P48)

扩展指标 E4.5 生态恢复与治理

指标解读：生态恢复是指对生态系统停止人为干扰，以减轻负荷压力，依靠生态系统的自我调节能力与自我组织能力使其向有序的方向进行演化，或者利用生态系统的自我恢复能力，辅以人工措施，使遭到破坏的生态系统逐步恢复或使生态系统向良性循环方向发展。生态恢复的目标是创造良好的条件，促进一个群落发展成为由当地物种组成的完整生态系统，或为当地各种动物提供相应的栖息环境。

示例

● 生态保护

持续实施矿山生态恢复与复垦绿化，2013 年尖山铁矿尾矿支坝、峨口铁矿二尾复垦绿化新增绿化面积 132878 平方米；东山矿完成生态恢复治理方案编制，并取得省环保厅批复，正对采空区进行覆土绿化。

——《太原钢铁集团 2013 年社会责任报告》(P49)

扩展指标　E4.6 生态恢复治理率

指标解读：本指标主要指通过人为、自然等修复手段得到恢复治理的生态系统面积占经济建设过程中受到破坏的生态系统面积的比例。生态恢复治理率＝恢复治理的生态系统面积/受到破坏的生态系统总面积×100%。

3. 环保公益

扩展指标　E4.7 环保公益

指标解读：环保公益活动是指企业出人、出物或出钱赞助和支持某项环保公益事业的活动。

示例

CSPC 的徒步活动

在昆山政府主办的第七届徒步大会中，CSPC 公益团队与昆山市民一起完成 20 公里徒步，积极倡导健康的生活模式，以"绿色健康行、传递正能量"，健康、绿色的活动方式，呼吁大家一起关注环保，传递具有社会公益价值的正能量。

——《中国浦项 2013 年社会责任报告》(P51)

六、报告后记（A 系列）

报告后记部分主要包括对未来社会责任工作的展望、对报告的点评及评价、报告参考及索引、读者意见反馈四个方面，如图 4-7 所示。

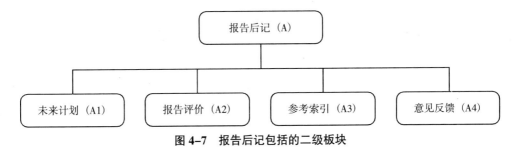

图 4-7　报告后记包括的二级板块

（一）未来计划（A1）

本部分主要描述企业对公司社会责任工作四个方面（责任管理、市场绩效、社会绩效和环境绩效）的展望与规划。

示例
- 年度 CSR 优秀法人表彰
- CSR 课题研究
- 利益相关方问卷调查
- CSR 指南 3.0 行业合作（金属冶炼及压延加工业）

——《中国浦项 2013 年社会责任报告》（P53）

（二）报告评价（A2）

报告评价主要有以下四种形式。

（1）专家点评：由社会责任研究专家或行业专家对企业社会责任报告的科学性、可信性以及报告反映的企业社会责任工作信息进行点评。

（2）利益相关方评价：由企业的利益相关方（股东、客户、供应商、员工、合作伙伴等）对企业社会责任报告的科学性、可信性以及报告反映的企业社会责任工作信息进行评价。

（3）报告评级：由"中国企业社会责任报告评级专家委员会"从报告的完整性、实质性、平衡性、可比性、可读性和创新性等方面对报告做出评价，出具评级报告。

（4）报告审验：由专业机构对企业社会责任报告进行审验。

（三）参考索引（A3）

本部分主要描述企业对本报告编写参考指南的应用情况，即对本报告编写参考指南要求披露的各条信息企业进行披露的情况。

示例：部分

报告目录	中国企业社会责任报告编写指南（CASS-CSR3.0）
社会绩效	
2.2.5 员工培训及发展	S2.24，S2.25，S2.26
2.2.6 职业安全	S2.17，S2.18，S2.19，S2.20，S2.22，S2.23
2.2.7 关爱员工	S2.21，S2.27，S2.28，S2.29，S2.30，S2.31
2.2.8 民主管理与高层沟通	S2.3，S2.5
2.2.9 安全生产管理体系	S3.1，S3.4，S3.5，S3.6，S3.7
2.2.10 安全应急管理机制	S3.2
2.2.11 安全教育与培训	S3.3
市场绩效	
3.1 股东责任	M1.1，M1.2，M1.4，M1.5，M1.6
3.2 客户责任	M2.1，M2.2，M2.3，M2.4，M2.5，M2.6，M2.7，M2.13，M2.14
3.3 伙伴责任	M3.1，M3.2，M3.3，M3.4，M3.5，M3.6，M3.7，M3.8，M3.9，M3.11

——《中国浦项 2013 年社会责任报告》（P55）

（四）意见反馈（A4）

本部分主要内容是读者意见调查表，以及读者意见反馈的渠道。

模板

为了持续改进××公司社会责任工作及社会责任报告编写工作，我们特别希望倾听您的意见和建议。请您协助完成意见反馈表中提出的相关问题，并传真到+86-××-×××××××。您也可以选择通过网络（http://www.×××.com）回答问题。

1. 报告整体评价（请在相应位置打"√"）

选项	很好	较好	一般	较差	很差
1. 本报告全面、准确地反映了××公司的社会责任工作现状？					
2. 本报告对利益相关方所关心的问题进行回应和披露？					
3. 本报告披露的信息数据清晰、准确、完整？					
4. 本报告的可读性，即报告的逻辑主线、内容设计、语言文字和版式设计？					

2. 您认为本报告最让您满意的方面是什么？

3. 您认为还有哪些您需要了解的信息在本报告中没有反映？

4. 您对我们今后的社会责任工作及社会责任报告发布有何建议？

如果方便，请告诉我们关于您的信息：

姓　　名：

职　　业：

机　　构：

联系地址：

邮　　编：

E-mail：

电　话：

传　真：

我们的联系方式是：

××公司××部门

中国××省（市）××区××路××号

邮政编码：××××××

电话：+86-××-××××××××

传真：+86-××-××××××××

E-mail：××@××.com

第五章　指标速查

一、行业特征指标表（28个）

指标名称	定性指标（●） 定量指标（⊕）	核心指标（★） 扩展指标（☆）
市场绩效（M系列）（10个）		
确保产品安全的制度和措施	●	★
产品质量认证	●/⊕	★
产品质量负面信息	●/⊕	☆
客户关系管理体系	●	★
带动上下游行业发展	●	☆
提供多样化的客户服务渠道	●	☆
供应商管理体系	●	★
受处罚供应商整改比例	⊕	☆
阳光采购的制度和措施	●	★
采购质量管理	●	★
社会绩效（S系列）（6个）		
员工健康管理机制	●	★
职业危害防控	●	★
职业危害危险辨识与管控	●	★
工伤事故率	⊕	☆
工时损失率	⊕	☆
本地采购措施/比例	●/⊕	☆
环境绩效（E系列）（12个）		
环境管理体系认证	●	☆
环境监控管理体系	●	★

续表

指标名称	定性指标（●） 定量指标（⊕）	核心指标（★） 扩展指标（☆）
环境风险防控	●	★
危险物质管理	●	★
副产品综合利用	●	★
清洁生产审核	●	☆
节能减排管理	●	★
打造绿色物流系统	●	☆
打造绿色产业链	●	★
建设绿色社区	●	☆
建设绿色矿山	●	☆
生态环境管理	●	★

二、核心指标表（130 个）

指标名称	定性指标（●） 定量指标（⊕）
第一部分：报告前言（P 系列）（15 个）	
（P1）报告规范	
P1.2 报告信息说明	●
P1.3 报告边界	●
P1.4 报告体系	●
P1.5 联系方式	●
（P2）报告流程	
P2.2 报告实质性议题选择程序	●
（P3）高管致辞	
P3.1 企业履行社会责任的机遇和挑战	●
P3.2 企业年度社会责任工作成绩与不足的概括总结	●
（P4）企业简介	
P4.1 企业名称、所有权性质及总部所在地	●
P4.2 企业主要品牌、产品及服务	●
P4.3 企业运营地域及运营架构，包括主要部门、运营企业、附属及合营机构	●
P4.4 按产业、顾客类型和地域划分的服务市场	●/⊕
P4.5 按雇佣合同（正式员工和非正式员工）和性别分别报告员工总数	⊕

续表

指标名称	定性指标（●） 定量指标（⊕）
（P5）年度进展	
P5.1 年度社会责任重大工作	●/⊕
P5.2 年度责任绩效	⊕
P5.3 年度责任荣誉	●/⊕
第二部分：责任管理（G系列）（11个）	
（G1）责任战略	
G1.1 社会责任理念、愿景及价值观	●
G1.3 辨识企业的核心社会责任议题	●
（G2）责任治理	
G2.3 建立社会责任组织体系	●
G2.4 社会责任组织体系的职责与分工	●
（G4）责任绩效	
G4.4 企业在经济、社会或环境领域发生的重大事故，受到的影响和处罚以及企业的应对措施	●/⊕
（G5）责任沟通	
G5.1 企业利益相关方名单	●
G5.3 利益相关方的关注点和企业的回应措施	●
G5.4 企业内部社会责任沟通机制	●
G5.5 企业外部社会责任沟通机制	●
G5.6 企业高层领导参与的社会责任沟通与交流活动	●/⊕
（G6）责任能力	
G6.4 通过培训等手段培育负责任的企业文化	●/⊕
第三部分：市场绩效（M系列）（28个）	
（M1）股东责任	
1. 公司治理	
M1.1 股东参与企业治理的政策和机制	●
M1.2 保护中小投资者权益	●
M1.3 规范信息披露	●/⊕
2. 财务绩效	
M1.4 成长性	⊕
M1.5 收益性	⊕
M1.6 安全性	⊕
（M2）客户责任	
1. 基本权益保护	
M2.1 客户关系管理体系	●
M2.2 产品知识普及或客户培训	●
M2.3 客户信息保护	●

续表

指标名称	定性指标（●） 定量指标（⊕）
M2.4 止损和赔偿	●
2. 产品质量管理	
M2.5 产品质量管理体系	●
M2.6 确保产品安全的制度和措施	●
M2.8 产品质量认证	●/⊕
3. 产品研发创新	
M2.10 支持产品和服务创新的制度	●
M2.11 科技或研发投入	⊕
M2.12 科技工作人员数量及比例	⊕
M2.13 新增专利数	⊕
4. 创造客户价值	
M2.19 客户满意度	⊕
M2.20 积极应对客户投诉及客户投诉解决率 *	⊕
（M3）供应链责任	
1. 供应链合规管理	
M3.1 战略共享机制及平台	●
M3.2 诚信经营的理念与制度保障	●
M3.3 公平竞争的理念及制度保障	●
2. 促进价值链履责	
M3.5 供应商管理体系	●
M3.6 供应商通过质量、环境和职业健康安全管理体系认证的比率	⊕
M3.11 对价值链伙伴进行社会责任评估和调查的措施以及绩效 *	●/⊕
3. 责任采购	
M3.12 责任采购的制度和措施	●
M3.14 阳光采购的制度和措施	●
M3.15 采购质量管理	●
第四部分：社会绩效（S 系列）（35 个）	
（S1）政府责任	
S1.1 企业守法合规体系	●
S1.2 守法合规培训	●
S1.3 禁止商业贿赂和商业腐败	●
S1.5 响应国家政策	●
S1.6 纳税总额	⊕
S1.7 确保就业及（或）带动就业的政策或措施	●
S1.8 报告期内吸纳就业人数	⊕
（S2）员工责任	

续表

指标名称	定性指标（●） 定量指标（⊕）
1. 职业健康与安全	
S2.1 员工健康管理机制	●
S2.3 职业病防治制度	●
S2.4 职业安全健康培训	●
S2.6 工伤预防制度和措施	●
S2.8 职业危害防控	●
S2.9 职业危害危险辨识与管控	●
S2.11 体检及健康档案覆盖率	⊕
2. 基本权益保护	
S2.12 劳动合同签订率	⊕
S2.14 民主管理	●
3. 薪酬福利	
S2.20 向员工提供有竞争力的薪酬	●/⊕
5. 职业发展	
S2.29 员工职业发展通道	●
S2.30 员工培训体系	●
S2.31 员工培训绩效	●/⊕
S2.32 困难员工帮扶投入	⊕
6. 员工关爱	
S2.34 确保员工工作和生活平衡	●
(S3) 安全生产	
S3.1 安全生产管理体系	●
S3.4 员工伤亡人数	⊕
S3.5 安全教育培训	●
S3.6 安全培训绩效	●/⊕
S3.7 安全应急管理机制	●
(S4) 社区责任	
1. 本地化运营	
S4.1 员工本地化政策	●
S4.2 本地化雇佣比例	⊕
2. 社区发展	
S4.5 评估企业运营对社区发展的影响	●
S4.6 新建项目执行环境和社会影响评估的比率	⊕
3. 社会公益	
S4.9 公益方针或主要公益领域	●
S4.11 捐赠总额	⊕

续表

指标名称	定性指标（●） 定量指标（⊕）
S4.12 支持志愿者活动的政策、措施	●
S4.13 员工志愿者活动绩效	●/⊕
第五部分：环境绩效（E 系列）(38 个)	
1. 环境管理	
E1.1 建立环境管理组织体系和制度体系	●
E1.4 企业环境影响评价	●
E1.5 环保总投资	⊕
2. 环境监控	
E1.6 环境监控管理体系	●
E1.7 环境信息公开	●
E1.8 环境监控绩效	●/⊕
3. 环境应急管理	
E1.9 环保预警及应急机制	●
E1.10 环境风险防控	●
4. 环保培训	
E1.11 环保培训	●
E1.12 环保培训绩效	●/⊕
5. 绿色办公	
E1.13 绿色办公措施和绩效	●/⊕
（E2）绿色制造	
1. 能源管理	
E2.1 建立能源管理体系	●
E2.2 全年能源消耗总量	⊕
E2.3 企业单位产值综合能耗	⊕
2. 水资源管理	
E2.4 减少废水排放的制度、措施或技术	●
E2.6 废水排放量及减排量	⊕
E2.7 年度新鲜水用水量/单位工业增加值新鲜水耗	⊕
E2.8 中水循环使用量	⊕
E2.9 吨钢耗新水量	⊕
E2.10 吨钢化学需氧量	⊕
3. 应对气候变化	
E2.11 减少废气排放的政策、措施或技术	●
E2.12 废气排放量及减排量	⊕
E2.13 吨钢二氧化硫排放量	
E2.14 减少温室气体排放的计划及行动	●

· 140 ·

续表

指标名称	定性指标（●） 定量指标（⊕）
4. 固体废弃物管理	
E2.16 危险物质管理	●
E2.17 减少废弃物排放制度、措施或技术	●
E2.18 废弃物排放量及减排量	⊕
E2.19 副产品综合利用	●
E2.20 固体废弃物综合利用率	⊕
5. 清洁生产	
E2.21 清洁生产审核	●
6. 节能减排	
E2.22 节能减排管理	●
E2.23 节约能源政策措施	●
E2.24 发展循环经济政策、措施	●
E2.27 再生资源循环利用率	⊕
（E3）绿色产品	
1. 绿色供应链	
E3.1 供应商通过 ISO14000 环境管理体系认证的比例	⊕
2. 绿色低碳产品研发	
E3.3 支持绿色低碳产品的研发与销售	●
（E4）绿色产业	
1. 绿色社区	
E4.1 打造绿色产业链	●
2. 生态恢复与治理	
E4.4 生态环境管理	●
第六部分：报告后记（A 系列）（3 个）	
（A1）未来计划：公司对社会责任工作的规划	●/⊕
（A2）报告评价：社会责任专家或行业专家、利益相关方或专业机构对报告的评价	●
（A4）意见反馈：读者意见调查表及读者意见反馈渠道	●

三、通用指标表（205 个）

指标名称	定性指标（●） 定量指标（⊕）	核心指标（★） 扩展指标（☆）
第一部分：报告前言（P 系列）（20 个）		
(P1) 报告规范		
P1.1 报告质量保证程序	●	☆
P1.2 报告信息说明	●	★
P1.3 报告边界	●	★
P1.4 报告体系	●	★
P1.5 联系方式	●	★
(P2) 报告流程		
P2.1 报告编写流程	●	☆
P2.2 报告实质性议题选择程序	●	★
P2.3 利益相关方参与报告编写过程的程序和方式	●	☆
(P3) 高管致辞		
P3.1 企业履行社会责任的机遇和挑战	●	★
P3.2 企业年度社会责任工作成绩与不足的概括总结	●	★
(P4) 企业简介		
P4.1 企业名称、所有权性质及总部所在地	●	★
P4.2 企业主要品牌、产品及服务	●	★
P4.3 企业运营地域及运营架构，包括主要部门、运营企业、附属及合营机构	●	★
P4.4 按产业、顾客类型和地域划分的服务市场	●/⊕	★
P4.5 按雇佣合同（正式员工和非正式员工）和性别分别报告员工总数	⊕	★
P4.6 列举组织在协会、国家或国际组织中的会员资格或其他身份	●	☆
P4.7 报告期内关于组织规模、结构、所有权或供应链的重大变化	●	☆
(P5) 年度进展		
P5.1 年度社会责任重大工作	●/⊕	★
P5.2 年度责任绩效	⊕	★
P5.3 年度责任荣誉	●/⊕	★
第二部分：责任管理（G 系列）（25 个）		
(G1) 责任战略		
G1.1 社会责任理念、愿景及价值观	●	★

续表

指标名称	定性指标（●）	核心指标（★）
	定量指标（⊕）	扩展指标（☆）
G1.2 企业签署的外部社会责任倡议	●	☆
G1.3 辨识企业的核心社会责任议题	●	★
G1.4 企业社会责任规划	●/⊕	☆
（G2）责任治理		
G2.1 社会责任领导机构	●	☆
G2.2 利益相关方与企业最高治理机构之间沟通的渠道或程序	●	☆
G2.3 建立社会责任组织体系	●	★
G2.4 社会责任组织体系的职责与分工	●	★
G2.5 社会责任管理制度	●	☆
（G3）责任融合		
G3.1 推进下属企业履行社会责任	●/⊕	☆
G3.2 推动供应链合作伙伴履行社会责任	●/⊕	☆
（G4）责任绩效		
G4.1 构建企业社会责任指标体系	●	☆
G4.2 依据企业社会责任指标进行绩效评估	●/⊕	☆
G4.3 企业社会责任优秀评选	●	☆
G4.4 企业在经济、社会或环境领域发生的重大事故，受到的影响和处罚以及企业的应对措施	●/⊕	★
（G5）责任沟通		
G5.1 企业利益相关方名单	●	★
G5.2 识别及选择核心利益相关方的程序	●	☆
G5.3 利益相关方的关注点和企业的回应措施	●	★
G5.4 企业内部社会责任沟通机制	●	★
G5.5 企业外部社会责任沟通机制	●	★
G5.6 企业高层领导参与的社会责任沟通与交流活动	●/⊕	★
（G6）责任能力		
G6.1 开展 CSR 课题研究	●	☆
G6.2 参与社会责任研究和交流	●	☆
G6.3 参加国内外社会责任标准的制定	●	☆
G6.4 通过培训等手段培育负责任的企业文化	●/⊕	★
第三部分：市场绩效（M 系列）(41 个)		
（M1）股东责任		
1. 公司治理		
M1.1 股东参与企业治理的政策和机制	●	★
M1.2 保护中小投资者权益	●	★
M1.3 规范信息披露	●/⊕	★

续表

指标名称	定性指标（●） 定量指标（⊕）	核心指标（★） 扩展指标（☆）
2. 财务绩效		
M1.4 成长性	⊕	★
M1.5 收益性	⊕	★
M1.6 安全性	⊕	★
（M2）客户责任		
1. 基本权益保护		
M2.1 客户关系管理体系	●	★
M2.2 产品知识普及或客户培训	●	★
M2.3 客户信息保护	●	★
M2.4 止损和赔偿	●	★
2. 产品质量管理		
M2.5 产品质量管理体系	●	★
M2.6 确保产品安全的制度和措施	●	★
M2.7 产品合格率	⊕	☆
M2.8 产品质量认证	●/⊕	★
M2.9 产品质量负面信息	●/⊕	☆
3. 产品研发创新		
M2.10 支持产品和服务创新的制度	●	★
M2.11 科技或研发投入	⊕	★
M2.12 科技工作人员数量及比例	⊕	★
M2.13 新增专利数	⊕	★
M2.14 研发经费占主营业务收入比重	⊕	☆
M2.15 新产品销售额	⊕	☆
M2.16 重大创新奖项	●	☆
4. 创造客户价值		
M2.17 带动上下游行业发展	●	☆
M2.18 提供多样化的客户服务渠道	●	☆
M2.19 客户满意度	⊕	★
M2.20 积极应对客户投诉及客户投诉解决率 *	⊕	★
（M3）供应链责任		
1. 供应链合规管理		
M3.1 战略共享机制及平台	●	★
M3.2 诚信经营的理念及制度保障	●	★
M3.3 公平竞争的理念及制度保障	●	★
M3.4 经济合同履约率	⊕	☆
2. 促进价值链履责		
M3.5 供应商管理体系	●	★

指标名称	定性指标（●） 定量指标（⊕）	核心指标（★） 扩展指标（☆）
M3.6 供应商通过质量、环境和职业健康安全管理体系认证的比率	⊕	★
M3.7 供应商受到经济、社会或环境方面处罚的个数/次数	⊕	☆
M3.8 受处罚供应商整改比例	⊕	☆
M3.9 促进价值链履行社会责任方面的倡议和政策	●	☆
M3.10 对价值链伙伴开展社会责任能力建设和培训	●	☆
M3.11 对价值链伙伴进行社会责任评估和调查的措施以及绩效 *	●/⊕	★
3. 责任采购		
M3.12 责任采购的制度和措施	●	★
M3.13 责任采购比率	⊕	☆
M3.14 阳光采购的制度和措施	●	★
M3.15 采购质量管理	●	★
第四部分：社会绩效（S系列）（64个）		
（S1） 政府责任		
S1.1 企业守法合规体系	●	★
S1.2 守法合规培训	●	★
S1.3 禁止商业贿赂和商业腐败	●	★
S1.4 企业守法合规审核绩效	●/⊕	☆
S1.5 响应国家政策	●	★
S1.6 纳税总额	⊕	★
S1.7 确保就业及（或）带动就业的政策或措施	●	★
S1.8 报告期内吸纳就业人数	⊕	★
（S2） 员工责任		
1. 职业健康与安全		
S2.1 员工健康管理机制	●	★
S2.2 职业健康与安全委员会中员工的占比	⊕	☆
S2.3 职业病防治制度	●	★
S2.4 职业安全健康培训	●	★
S2.5 年度新增职业病人数和企业累计职业病人数	⊕	☆
S2.6 工伤预防制度和措施	●	★
S2.7 向兼职工、劳务工和临时工及分包商职工提供同等的健康和安全保护	●	☆
S2.8 职业危害防控	●	★
S2.9 职业危害危险辨识与管控	●	★
S2.10 员工心理健康制度和措施	●	☆
S2.11 体检及健康档案覆盖率	⊕	★

指标名称	定性指标（●） 定量指标（⊕）	核心指标（★） 扩展指标（☆）
2. 基本权益保护		
S2.12 劳动合同签订率	⊕	★
S2.13 集体谈判与集体合同覆盖率	⊕	☆
S2.14 民主管理 *	●	★
S2.15 参加工会的员工比例	⊕	☆
S2.16 通过申诉机制申请、处理和解决的员工申诉数量	⊕	☆
S2.17 雇员隐私管理	●	☆
S2.18 按运营地划分员工最低工资和当地最低工资的比例	⊕	☆
S2.19 社会保险覆盖率	⊕	☆
3. 薪酬福利		
S2.20 向员工提供有竞争力的薪酬	●/⊕	★
S2.21 超时工作报酬的制度与措施	●	☆
S2.22 每年人均带薪年休假天数	⊕	☆
S2.23 按雇佣性质（正式、非正式）划分的福利体系	●	☆
4. 平等雇佣		
S2.24 中高层女性管理者比例	⊕	☆
S2.25 少数民族或其他种族员工比例	⊕	☆
S2.26 残疾人雇佣率或雇佣人数	⊕	☆
S2.27 员工满意度	⊕	☆
S2.28 员工流失率	⊕	☆
5. 职业发展		
S2.29 员工职业发展通道	●	★
S2.30 员工培训体系	●	★
S2.31 员工培训绩效	●/⊕	★
6. 员工关爱		
S2.32 困难员工帮扶投入	●	★
S2.33 为特殊人群（如孕妇、哺乳期妇女等）提供特殊保护	●	☆
S2.34 确保员工工作和生活平衡 *	●	★
(S3) 安全生产		
S3.1 安全生产管理体系	●	★
S3.2 工伤事故率	⊕	☆
S3.3 工时损失率	⊕	☆
S3.4 员工伤亡人数	⊕	★
S3.5 安全教育培训	●	★
S3.6 安全培训绩效	●/⊕	★
S3.7 安全应急管理机制	●	★
S3.8 安全文化建设及宣贯	●	☆

指标名称	定性指标（●） 定量指标（⊕）	核心指标（★） 扩展指标（☆）
（S4）社区责任		
1. 本地化运营		
S4.1 员工本地化政策	●	★
S4.2 本地化雇佣比例	⊕	★
S4.3 高层管理者中本地人员比例	⊕	☆
S4.4 本地采购措施/比例	●/⊕	☆
2. 社区发展		
S4.5 评估企业运营对社区发展的影响	●	★
S4.6 新建项目执行环境和社会影响评估的比率	⊕	★
S4.7 社区代表参与项目建设或开发的机制	●	☆
S4.8 企业开发或支持运营所在社区中具有社会效益的项目	●	☆
3. 社会公益		
S4.9 公益方针或主要公益领域	●	★
S4.10 公益基金/基金会	●	☆
S4.11 捐赠总额	⊕	★
S4.12 支持志愿者活动的政策、措施	●	★
S4.13 员工志愿者活动绩效	●/⊕	★
S4.14 海外公益	●	☆
第五部分：环境绩效（E系列）（51个）		
（E1）环境管理		
1. 环境管理体系		
E1.1 建立环境管理组织体系和制度体系	●	★
E1.2 环境管理体系认证	●	☆
E1.3 参与或加入环保组织或倡议	●	☆
E1.4 企业环境影响评价	●	★
E1.5 环保总投资	⊕	★
2. 环境监控		
E1.6 环境监控管理体系	●	★
E1.7 环境信息公开	●	★
E1.8 环境监控绩效	●/⊕	★
3. 环境应急管理		
E1.9 环保预警及应急机制	●	★
E1.10 环境风险防控	●	★
4. 环保培训		
E1.11 环保培训	●	★
E1.12 环保培训绩效	●/⊕	★

续表

指标名称	定性指标（●） 定量指标（⊕）	核心指标（★） 扩展指标（☆）
5. 绿色办公		
E1.13 绿色办公措施和绩效	●/⊕	★
（E2）绿色制造		
1. 能源管理		
E2.1 建立能源管理体系	●	★
E2.2 全年能源消耗总量	⊕	★
E2.3 企业单位产值综合能耗	⊕	★
2. 水资源管理		
E2.4 减少废水排放的制度、措施或技术	●	★
E2.5 建设节水型企业	●	★
E2.6 废水排放量及减排量	⊕	★
E2.7 年度新鲜水用水量/单位工业增加值新鲜水耗	⊕	★
E2.8 中水循环使用量	⊕	★
E2.9 吨钢耗新水量	⊕	★
E2.10 吨钢化学需氧量	⊕	★
3. 应对气候变化		
E2.11 减少废气排放的政策、措施或技术	●	★
E2.12 废气排放量及减排量	⊕	★
E2.13 吨钢二氧化硫排放量	⊕	★
E2.14 减少温室气体排放的计划及行动	●	★
E2.15 温室气体排放量及减排量	⊕	☆
4. 固体废弃物管理		
E2.16 危险物质管理	●	★
E2.17 减少废弃物排放制度、措施或技术	●	★
E2.18 废弃物排放量及减排量	⊕	★
E2.19 副产品综合利用	●	★
E2.20 固体废弃物综合利用率	⊕	★
5. 清洁生产		
E2.21 清洁生产审核	●	☆
6. 节能减排		
E2.22 节能减排管理	●	★
E2.23 节约能源政策措施	●	★
E2.24 发展循环经济政策、措施	●	★
E2.25 企业使用新能源、可再生能源或清洁能源的政策、措施	●	☆
E2.26 新能源、可再生能源或清洁能源使用量	⊕	☆
E2.27 再生资源循环利用率	⊕	★
E2.28 打造绿色物流系统	●	☆

续表

指标名称	定性指标（●） 定量指标（⊕）	核心指标（★） 扩展指标（☆）
（E3）绿色产品		
1. 绿色供应链		
E3.1 供应商通过 ISO14000 环境管理体系认证的比例	⊕	★
E3.2 提升供应商环境保护意识和能力的措施	●	☆
2. 绿色低碳产品研发		
E3.3 支持绿色低碳产品的研发与销售	●	★
（E4）绿色产业		
1. 绿色社区		
E4.1 打造绿色产业链	●	★
E4.2 建设绿色社区	●	☆
E4.3 建设绿色矿山	●	☆
2. 生态恢复与治理		
E4.4 生态环境管理	●	★
E4.5 生态恢复与治理	●	☆
E4.6 生态恢复治理率	⊕	☆
3. 环保公益		
E4.7 环保公益	●	☆
第六部分：报告后记（A 系列）（4 个）		
（A1）未来计划：公司对社会责任工作的规划	●/⊕	★
（A2）报告评价：社会责任专家或行业专家、利益相关方或专业机构对报告的评价	●	★
（A3）参考索引：对本指南要求披露指标的采用情况	●	☆
（A4）意见反馈：读者意见调查表及读者意见反馈渠道	●	★

管理篇

第六章　报告全生命周期管理

社会责任报告全生命周期管理是指企业在社会责任报告编写和使用的全过程中对报告进行全方位的价值管理，充分发挥报告在利益相关方沟通、公司社会责任绩效监控方面的作用，将报告作为提升公司社会责任管理水平的有效工具。社会责任报告全生命周期管理涉及组织、参与、界定、启动、撰写、发布和反馈7个过程要素（见图6-1）。

（1）组织：建立社会责任报告编写的组织体系并监控报告编写过程；

（2）参与：利益相关方参与报告编写全过程；

（3）界定：确定报告的边界和实质性议题；

（4）启动：召开社会责任报告编写培训会暨启动会；

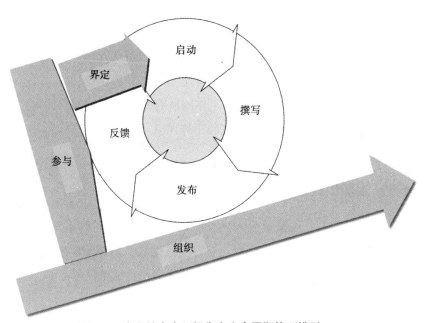

图6-1　企业社会责任报告全生命周期管理模型

153

（5）撰写：搜集素材并撰写报告内容；

（6）发布：确定发布形式和报告使用方式；

（7）反馈：总结报告编写过程，向利益相关方进行反馈，并向企业内部各部门进行反馈。

其中，组织和参与是社会责任报告编写的保证，贯穿报告编写的全部流程。界定、启动、撰写、发布和反馈构成一个闭环的流程体系，通过持续改进报告编制流程，从而提升报告质量和公司社会责任管理水平。

一、组织

（一）建立工作组的原则

建立科学有效的社会责任报告工作组是报告编写的保障。建立工作组遵循以下原则：

（1）关键领导参与：关键领导参与可以将社会责任报告与公司发展战略进行更好的融合，同时保障社会责任报告编写计划能够顺利执行；

（2）外部专家参与：外部专家参与可以提供独特的视角，保障报告的科学性和规范性，能够将外部专业性和内部专业性进行有效的结合；

（3）核心工作团队稳定：稳定的工作团队有助于工作的连续性；

（4）核心工作团队紧密联系：核心工作团队可通过定期会议等形式保持紧密联系。

（二）工作组成员构成

社会责任报告工作组成员分为核心团队和协作团队两个层次。其中，核心团队的主要工作是制订报告编写计划、进行报告编写；协作团队的主要工作是为核心团队提供报告编写素材和建议。工作组具体成员构成如图 6-2 所示。

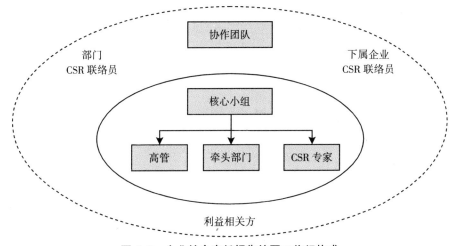

图6-2　企业社会责任报告编写工作组构成

（三）工作组成员分工与职责

社会责任报告工作组成员构成既包括外部专家，也包括内部职能部门，既包括高层领导，也包括下属企业。在报告编写的前期、中期和后期，各成员分工和职责如图6-3所示。

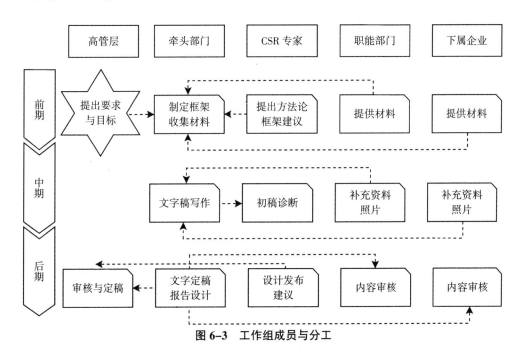

图6-3　工作组成员与分工

案例：华润集团报告编写组织体系

华润集团在社会责任报告编写过程中建立了由集团董事办牵头组织、其他部室和战略业务单元/一级利润中心共同参与的社会责任报告组织体系。集团董事办负责社会责任报告的报送、公告、宣传及推广工作，并组织集团有关部室、战略业务单元/一级利润中心成立报告编制小组，编制版位表，组织报告起草、内容指导、统筹协调、综合统稿、总结评价等工作。

华润集团 2012 年社会责任报告起草小组成员构成：

主报告：朱虹波、徐莲子、宋贵斌、周文涛、虞柏林、莫炳金、张娜、何叙之、杨坤（集团董事会办公室），章曦（战略管理部），刘辉（人力资源部），何书泉（法律事务部），王学艺（财务部）。

分报告：熊浪（华润五丰），孟兰君（华润饮料），张建春（华润医药），汪红、李宗弦（华润银行），吴志鹏（华润纺织），池丽春（华润物业）。

独立报告：姜艳、马少君（华润万家），姜宇（华润雪花啤酒），杜剑梅（华润电力）。

主报告有关章节责编：朱虹波、徐莲子、宋贵斌、周文涛、虞柏林。

分报告责编：熊浪、孟兰君、张建春、汪红、吴志鹏、池丽春。

策划、组织与统稿：朱虹波。

主编：朱金坤（华润集团副总经理、华润慈善基金会理事长）。

二、参与

企业在编写社会责任报告的过程中应积极邀请内外部利益相关方参与。参与过程涉及三个方面（见图6-4）：

（1）参与目的：明确企业邀请利益相关方参与时要实现的价值，如了解期望、建立关系、借鉴其知识体系等；

（2）参与者：明确邀请哪类相关方参与以及邀请的具体人员；

（3）参与范围：明确相关方的参与时间和程度。

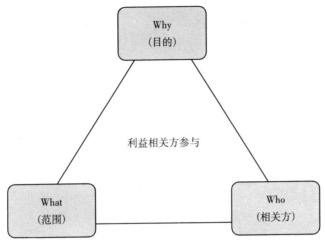

图 6-4 利益相关方参与报告编写的三要素

（一）利益相关方参与报告编写的价值

在报告编写过程中积极邀请外部利益相关方参与具有以下作用：

（1）通过参与了解利益相关方的期望，在社会责任报告中做出针对性回应；

（2）通过参与建立一种透明的关系，进而建立双方的信任基础；

（3）汇集利益相关方的资源优势（知识、人力和技术），解决企业在编写社会责任报告过程中遇到的问题；

（4）通过参与过程学习利益相关方的知识和技能，进而提升企业的组织和技能；

（5）通过在报告编写过程中的坦诚、透明的沟通，影响利益相关方的观点和决策。

（二）识别利益相关方

利益相关方是指受企业经营影响或可以影响企业经营的组织或个人。企业的利益相关方通常包括政府、顾客、投资者、供应商、雇员、当地社区、NGO、竞争者、工会、媒体学者、行业协会等，如图 6-5 所示。

由于企业利益相关方较多，企业在选择参与对象时需按照利益相关方对企业的影响力以及利益相关方对企业的关注程度进行关键利益相关方识别（见图 6-6）。

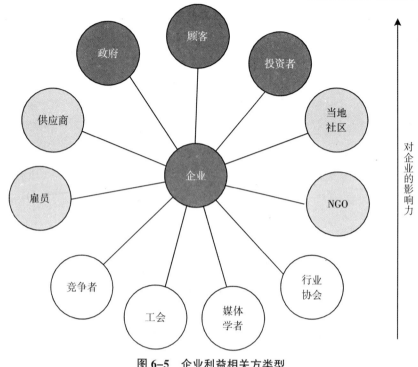

图 6-5　企业利益相关方类型

（1）对企业具有"高影响高关注"、"中影响高关注"、"高影响中关注"和"中影响中关注"的利益相关方，企业在编写社会责任报告过程中应积极邀请其参与；

（2）对企业具有"高影响低关注"的利益相关方，企业在编写社会责任报告过程中应争取让其参与；

（3）对企业具有"低影响高关注"的利益相关方，企业在编写社会责任报告过程中应尽量让其参与；

（4）对其他利益相关方，企业在社会责任报告编写完成后应履行告知义务。

（三）确定参与形式

在确定利益相关方参与人员后，应确定不同利益相关方的参与形式。按照参与程度划分，利益相关方参与社会责任报告编写主要有三种形式，即告知、咨询与合作，如表6-1所示。

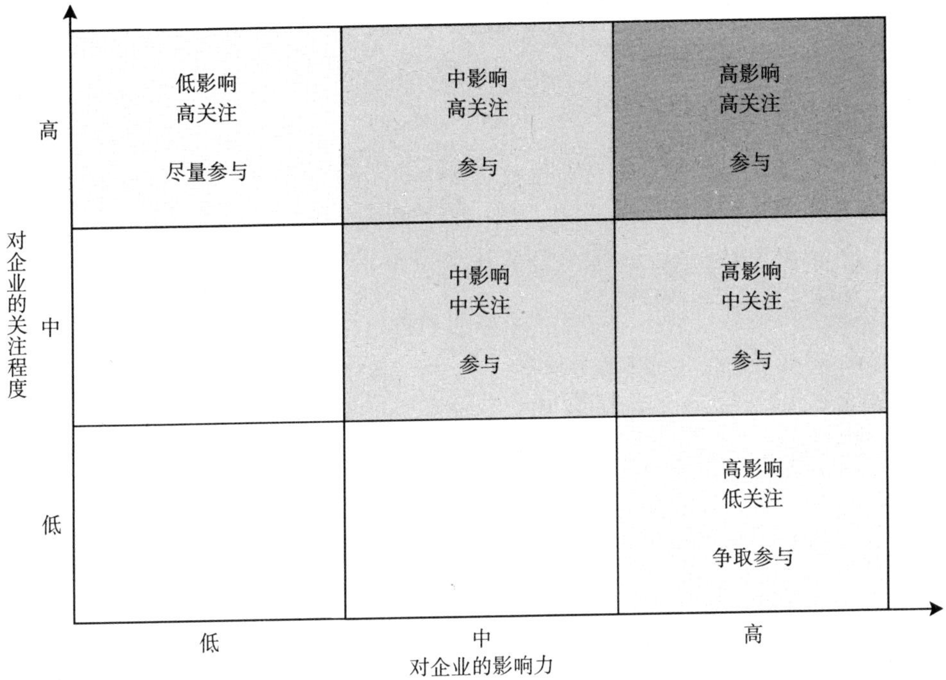

图6-6 利益相关方筛选原则

表6-1 利益相关方参与的形式和价值

	性 质	形 式	价 值
告知	被动	①邮件 ②通信 ③简报 ④发布会	将报告编写过程和结果第一时间告诉利益相关方，与相关方建立透明的关系
咨询	积极	①问卷调查 ②意见征求会 ③专题小组 ④研讨会 ⑤论坛	针对性回应利益相关方的期望，倾听相关方意见，与相关方建立信任关系
合作	积极	①联合成立工作组 ②组成虚拟工作组	与利益相关方紧密合作，与相关方建立伙伴关系

案例：中国移动倾听利益相关方意见

中国移动高度重视利益相关方参与和沟通，将利益相关方关注的议题和期望作为社会责任报告的重点内容。中国移动在利益相关方参与和沟通方面的主要做法和经验有：

（1）2010 年，中国移动制定《中国移动通信集团利益相关方沟通手册》，对利益相关方沟通的方式、流程和工具进行了规定，确保利益相关方参与和沟通有章可循；

（2）在报告编制前召开利益相关方座谈会，倾听利益相关方对社会责任报告的意见和建议；

（3）开设总裁信箱，总裁信箱设立两年来，近 3000 封来自客户、合作伙伴、员工的信件得到及时回复和妥善处理；

（4）发布《中国移动每日舆情摘要》，对社会公众关注的热点问题及时跟踪和反馈；

（5）积极举办客户接待日、媒体沟通会等利益相关方沟通活动。

三、界定

（一）明确报告组织边界

报告的组织边界是指与企业相关的那些组织应纳入报告的披露范围。企业通常可以按照以下四个步骤确定报告的组织边界。

第一步：明确企业价值链

企业按照上游、中游和下游明确位于企业价值链的各个组织体，在明确价值链的基础上，列出与企业有关的组织体名单。一般来说，企业价值链主要构成组织体包括：

（1）上游：当地社区、供应商；

（2）中游：员工、股东、商业伙伴、NGO、研究机构；

（3）下游：分销商、零售商、顾客。

第二步：根据"控制力"和"影响力"二维矩阵明确报告要覆盖的组织体

列出与企业有关的组织体名单后，企业应根据"企业对该组织体的控制力"和"该组织体活动对企业的影响"两个维度将企业分为四类。其中，A 类、B 类和 C 类三类组织体应纳入报告覆盖范围，如图 6-7 所示。

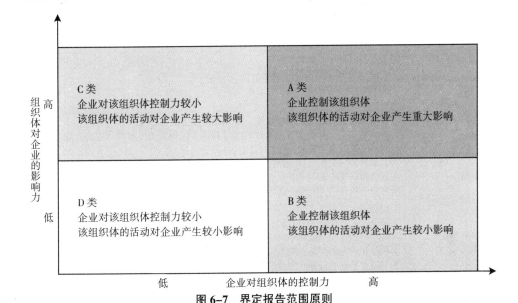

图 6-7　界定报告范围原则

第三步：确定披露深度

在明确报告覆盖范围后，应针对不同类别明确不同组织体的披露深度：

（1）对 A 类组织体：企业应披露对该组织体的战略和运营数据。

（2）对 B 类组织体：企业应披露对该组织体的战略和管理方法。

（3）对 C 类组织体：企业应披露对该组织体的政策和倡议。

第四步：制订披露计划

在确定披露深度后，企业应根据运营和管理的实际对不同组织体制订相应的披露计划。

（二）界定实质性议题

实质性议题，即关键性议题，指可以对企业长期或短期运营绩效产生重大影响的决策或活动。企业可以按照以下三个步骤确定实质性议题。

第一步：议题识别

议题识别的目的是通过对各种背景信息的分析，确定与企业社会责任活动相关的议题清单。在议题识别过程中需要分析的信息类别和信息来源如表 6-2 所示。

第二步：议题排序

在识别出社会责任议题后，企业应根据该议题对"对企业可持续发展的影响

表 6-2　议题识别的环境扫描

信息类别	信息来源
企业战略或经营重点	①企业经营目标、战略和政策 ②企业可持续发展战略和 KPI ③企业内部风险分析 ④企业财务报告等
报告政策或标准分析	①社会责任报告相关的国际标准，如 GRI 报告指南、ISO26000 ②政府部门关于社会责任报告的政策，如国务院国资委发布的《中央企业"十二五"和谐发展战略实施纲要》 ③上交所、深交所对社会责任报告的披露邀请 ④其他组织发布的社会责任报告标准，如中国社会科学院经济学部企业社会责任研究中心发布的《中国企业社会责任报告编写指南（CASS-CSR3.0)》等
利益相关方分析	①利益相关方调查 ②综合性的利益相关方对话、圆桌会议等 ③专题型利益相关方对话 ④利益相关方的反馈意见等 ⑤与行业协会的沟通和交流
宏观背景分析	①国家政策 ②媒体关注点 ③公众意见调查 ④高校和研究机构出版的研究报告

度"和"对利益相关方的重要性"两个维度进行实质性议题排序，如图 6-8 所示。

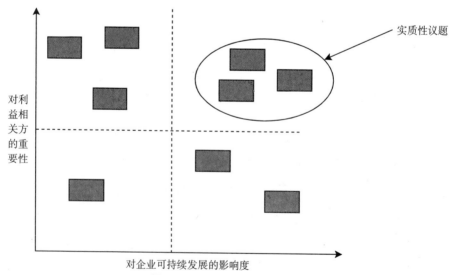

图 6-8　实质性议题筛选模型

第三步：议题审查

在明确实质性议题清单之后，企业应将确立的实质性议题征询内外部专家意见，并报高层管理者审批。

案例：斗山工程机械（中国）实质性议题选择

2012年，斗山Infracore（中国）运用公司独有的评价模型，通过内部评估、外部单位评价以及利益相关方调研相结合的方式，导出公司目前的社会责任工作水平和到2013年末能够改善的社会责任核心议题及其优先顺序。模型评价结果显示中国在技术和革新、人才培养、组织文化/人权/劳动等部分获得较好的评价，但在客户价值、环境、企业伦理等部分需要改善。

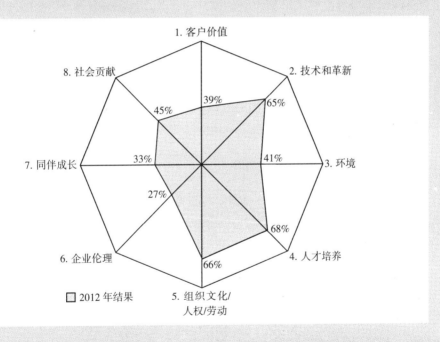

利益相关方调研则显示其共同认为客户价值、技术和革新、同伴成长、人才培养是企业经营的重要部分。通过议题筛选，斗山Infracore选择企业伦理、社会贡献、组织文化、环境部分的4个议题作为企业社会责任核心议题（韩国总部已成立专门的技术本部来促进技术和革新议题）。

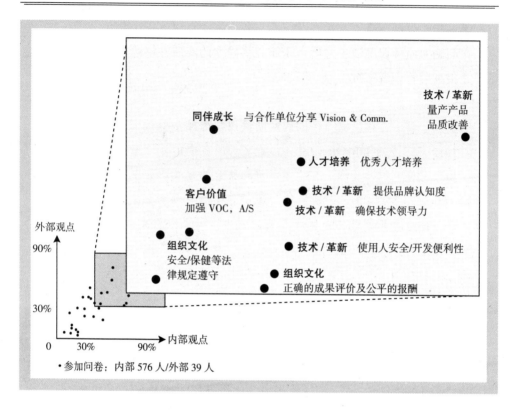

四、启动

（一）召开社会责任报告培训会

召开社会责任报告培训会的目的是通过培训确保公司上下对社会责任报告的重要性、编写工作流程形成统一的认识。在组织报告编写培训会时应注意考虑以下因素：

（1）培训会对象：企业社会责任联络人；

（2）培训会讲师：外部专家和内部专家相结合；

（3）培训课件：社会责任发展趋势和本企业社会责任规划相结合。

（二）对社会责任报告编写任务进行分工

在培训启动会上，社会责任报告编写牵头组织部门应对报告编写任务进行分工，明确报告参与人员的工作要求和完成时间。

案例：中国黄金集团社会责任报告编写培训会

2012 年 10 月 25 日，中国黄金集团在北京举办社会责任培训班，集团下属 50 家主要生产企业社会责任专职工作人员参加了培训。培训期间邀请国资委研究局、中国社会科学院经济学部企业社会责任研究中心的领导和专家就国内外社会责任发展情况、社会责任理论等方面进行了讲解，集团公司社会责任主管部门负责人介绍了集团公司的社会责任工作情况，并对集团下一步社会责任工作提出了要求，确定了奋斗目标。培训收到了预期的效果，为集团全面推进社会责任工作奠定了坚实的基础。

五、撰写

充足、有针对性的素材是报告质量的保证。企业在收集报告编写素材时可采用但不限于以下方法：

（1）下发部门资料收集清单；

（2）对高层管理者、利益相关方进行访谈；

（3）对下属企业进行调研；

（4）对企业存量资料进行案头分析。

资料清单模板：××公司社会责任报告数据、资料需求清单

填报单位：人力资源部　　　　　　填报人：　　　　　　审核人：

1. 数据指标。

编号	指标	2008 年	2009 年	2010 年	备注
1	员工总数（人）				
2	劳动合同签订率（%）				
……	……				

2. 文字材料。

（1）公平雇佣的理念、制度及措施。

（2）员工培训管理体系。

……

3. 图片及视频资料。

（1）员工培训的图片。

（2）文体活动图片。

……

4. 贵部门认为能够体现我公司社会责任工作的其他材料、数据及图片。

案例：北汽集团社会责任信息收集与调研

2013 年，北汽集团启动首份社会责任报告编写工作。为确保资料收集质量，北汽集团采取下发"资料清单"和下属企业走访调研相结合的方式。2013 年 4~5 月，项目共调研了北京现代、北京奔驰、湖南株洲公司、重庆北汽银翔等 11 家下属企业，收集了丰富的材料。

下属企业通过走访调研的方式可以收集到更多的一手材料，同时在调研过程中可以对企业在社会责任方面的疑问进行解答，是一种比较高质量的资料收集方式。

六、发布

（一）确定报告格式

随着技术发展和公众阅读习惯的改变，企业社会责任报告的格式日趋多样化。目前，企业社会责任报告的形式主要有：

（1）可下载的 PDF 格式；

（2）互动性网络版；

（3）印刷品出版物；

（4）印刷简本；

（5）网页版；

（6）视频版；

（7）APP 版本。

不同的报告格式具有不同的优缺点和针对性，企业应根据以下因素确立最佳报告形式组合策略：

（1）利益相关方的群体性；

（2）不同利益相关方群体的关注领域；

（3）不同利益相关方群体的阅读习惯；

（4）人们阅读和沟通的发展趋势及技术发展趋势。

（二）确定报告读者对象

社会责任报告的目标读者通常包括政府、投资机构、客户、员工、供应商、媒体、非政府组织、行业协会和一般公众。企业应根据自身情况确定目标读者对象。

（三）确定发布形式

不同的发布形式具有不同的传播效果。通常，社会责任报告的发布形式主要有专项发布会、嵌入式发布会、网上发布、直接递送和邮件推送等，如表 6-3 所示。

表 6-3　报告发布会类型

类　型	含　义
专项发布会	为社会责任报告举办专项发布会
嵌入式发布会	在其他活动中嵌入社会责任报告发布环节
网上发布	将社会责任报告放在互联网上并发布公司新闻稿
直接递送	将社会责任报告印刷版直接递送给利益相关方
邮件推送	将公司社会责任报告电子版或网站链接通过邮件推送给利益相关方

案例：中国三星报告发布会

2013 年 3 月 18 日，中国三星发布首份"中国三星社会责任报告书"。报告书在人才第一、顾客满足、诚信守法、追求共赢、绿色经营等方面展示了中国三星企业社会责任优秀的事例，在倾听中国社会声音的同时，承诺率先变为"开放的中国三星"。在发布会上，中国三星宣布 2013 年为中国三星企业社会责任（Corporate Social Responsibility，CSR）经营元年，旨在通过更高层次的 CSR 活动，与中国人民以及中国社会一起建设"美丽中国"。同时，为了实现"共享企业社会责任资源和力量"，中国三星与中国社会科学院经济学部企业社会责任研究中心签订了战略合作协议，成立"中国企业社会责任研究基地"。这是中国首家外资企业成立的社会责任研究基地，通过向中小企业开展"企业社会责任公益培训"，让更多的企业投身到履行社会责任的行列中。

七、反馈

在社会责任报告发布后，企业应总结本次报告编写过程，并向外部利益相关方和内部相关部门进行反馈。反馈的主要形式包括但不限于会议、邮件、通信等。反馈的内容主要是本次报告对内外部利益相关方期望的回应和未来行动计划。

第七章　报告质量标准

一、过程性

（一）定义

过程性即社会责任报告全生命周期管理，是指企业在社会责任报告编写和使用的全过程中对报告进行全方位的价值管理，充分发挥报告在利益相关方沟通、公司社会责任绩效监控的作用，将报告作为提升公司社会责任管理水平的有效工具。

（二）解读

过程性涉及社会责任报告全生命周期管理中的组织、参与、界定、培训、编写、发布和反馈七个过程要素。其中，组织和参与是社会责任报告编写的保证，贯穿报告编写的全部流程。界定、培训、编写、发布和反馈构成一个闭环的流程体系，通过持续改进报告编制流程提升报告质量和公司社会责任管理水平。

（三）评估方式

编制报告过程中是否执行了报告管理全过程的规定性工作。

二、实质性

（一）定义

实质性是指报告披露企业可持续发展的关键议题以及企业运营对利益相关方的重大影响。简单地说，实质性就是研究企业社会责任报告披露社会责任信息是否"到位"，考察企业社会责任报告"是否涵盖了行业特征议题、时代议题等关键的社会责任议题，以及是否覆盖了受其重大影响的关键利益相关方"。利益相关方和企业管理者可根据实质性信息做出充分判断和决策，并采取可以影响企业绩效的行动。

（二）解读

企业社会责任议题的重要性和关键性受到企业经营特征的影响。具体来说，企业社会责任报告披露内容的实质性由企业所属行业、经营环境和企业的关键利益相关方等决定。

（三）评估方式

内部视角：报告议题与企业经营战略的契合度；

外部视角：报告议题是否回应了利益相关方的关注点。

> **案例：中国民生银行聚焦实质性议题**
>
> 《中国民生银行 2012 年社会责任报告》在编写过程中注重实质性议题的披露，报告主体部分分为"完善责任治理，加强责任沟通"、"推进流程改革，打造最佳银行"、"聚焦小微金融，开创发展蓝海"、"服务实体经济，致力金融普惠"、"建设民生家园，关爱员工成长"、"共建生态文明，助力美丽中国"、"投身慈善公益，倾力回报社会"七大领域，较好地反映了民生银行的本质责任和特色实践。

三、完整性

（一）定义

完整性是指社会责任报告所涉及的内容较全面地反映企业对经济、社会和环境的重大影响，利益相关方可以根据社会责任报告知晓企业在报告期间履行社会责任的理念、制度、措施以及绩效。

（二）解读

完整性从两个方面对企业社会责任报告的内容进行考察：一是责任领域的完整性，即是否涵盖了经济责任、社会责任和环境责任；二是披露方式的完整性，即是否包含了履行社会责任的理念、制度、措施及绩效。

（三）评估方式

（1）标准分析：是否满足了《中国企业社会责任报告编写指南（CASS-CSR 3.0)》等标准的披露要求；

（2）内部运营重点：是否与企业战略和内部运营重点领域相吻合；

（3）外部相关方关注点：是否回应了利益相关方的期望。

> **案例：南方电网公司披露了指南 86.01%的核心指标**
>
> 《中国南方电网公司社会责任报告 2012》共 82 页，报告从"责任管理"、"电力供应"、"绿色环保"、"经济绩效"及"社会和谐"等方面，系统披露了《中国企业社会责任报告编写指南（CASS-CSR3.0)》电力供应业核心指标的 86.01%，具有很好的完整性。

四、平衡性

（一）定义

平衡性是指企业社会责任报告应中肯、客观地披露企业在报告期内的正面信息和负面信息，以确保利益相关方可以对企业的整体业绩进行正确的评价。平衡性研究企业社会责任报告披露社会责任信息的"对称性"，要求企业社会责任报告不仅要注重对正面社会责任信息的披露，更应该披露企业在报告期发生的责任缺失事件以及企业应对责任缺失事件的制度、措施以及取得的绩效。

（二）解读

平衡性要求是为了避免企业在编写报告的过程中对企业的经济、社会、环境消极影响或损害的故意性遗漏，影响利益相关方对企业社会责任实践与绩效的判断。

（三）评估方式

考查企业在社会责任报告中是否披露了实质性的负面信息。如果企业社会报告未披露任何负面信息，或者社会已知晓的重大负面信息在社会责任报告中未进行披露和回应，则违背了平衡性原则。

> **案例：中国石化股份重视负面信息披露**
> 2012 年 7 月 23 日，承运商在由广州南沙前往汕头途中，受台风影响有 6 个装载中石化公司生产的聚丙烯产品的集装箱落入香港海域，箱内白色聚丙烯颗粒散落海面，部分颗粒漂至香港愉景湾、南丫岛深湾等附近海滩，引起广泛关注。在《中国石化 2012 年可持续发展进展报告》中，用专题形式对本次事件背景、公司应对和相关方反馈进行了详细披露。

五、可比性

（一）定义

可比性是指报告对信息的披露应有助于利益相关方对企业的责任表现进行分析和比较，它研究企业社会责任报告披露的社会责任信息可比较程度，有利于企业利益相关方更好地把握企业的社会责任绩效。

（二）解读

可比性体现在两个方面：纵向可比与横向可比，纵向可比性是同一指标的历史可比性，横向可比性是同一指标的企业之间的可比程度和企业同行业平均水平的可比程度，企业在披露相关责任议题的绩效水平时既要披露企业历史绩效，又要披露同行绩效。

（三）评估方式

考查企业是否披露了连续数年的历史数据和行业数据。

案例：华电集团社会责任报告披露了 61 个可比指标

《中国华电集团公司社会责任报告 2012》披露了 61 个关键绩效指标连续 3 年的历史数据，同时披露了多项公司与同行业在环境绩效、责任管理等方面的横向比较数据，具有较强的可比性。

六、可读性

（一）定义

可读性指报告的信息披露方式易于读者理解和接受，可读性强的社会责任报告在结构、条理、语言、表达形式以及设计等方面更便于读者接受。

（二）解读

企业社会责任报告的可读性体现在以下方面：

（1）结构清晰，条理清楚；

（2）语言流畅、简洁、通俗易懂；

（3）通过流程图、数据表、图片等形式使表达更加直观；

（4）对术语、缩略词等专业词汇做出解释；

（5）方便阅读的排版设计。

（三）评估方式

从报告篇章结构、排版设计、语言、图表等各个方面对报告的通俗易懂性进行评价。

> **案例：中国兵器工业集团报告可读性优秀**
>
> 《中国兵器工业集团社会责任报告 2012》框架清晰，篇幅适宜；语言简洁流畅，结合大量案例，配图精美，表达方式丰富多样，并对专业词汇进行了解释，可读性表现优秀。

七、创新性

（一）定义

创新性是指企业社会责任报告在内容或形式上具有重大创新，即报告在内容和形式方面与以往报告相比是否更有新意，创新性为企业持续推进可持续报告质量的提高提出了新的、更高的要求。

（二）解读

社会责任报告的创新性主要体现在两个方面：报告内容的创新和报告形式的创新。创新不是目的，通过创新提高报告质量是根本。

（三）评估方式

将报告内容、形式与国内外社会责任报告以及企业往期社会责任报告进行对比，判断其有无创新，以及创新是否提高了报告质量。

案例：华润集团社会责任报告注重创新性

《华润（集团）有限公司2012年社会责任报告》通过连环画的形式介绍"走进华润世界"，形式新颖，易于利益相关方理解；通过"品牌树"的方式介绍了公司丰富的产品品牌，易于利益相关方全面了解华润的业务和产品；在形式上，通过"集团报告"和"重点企业报告"两种方式呈现，具有很好的创新性。

案例篇

第八章 推行幸福经营，共创和谐未来
——浦项（中国）投资有限公司社会责任报告管理

一、浦项（中国）投资有限公司简介

浦项制铁（POSCO）是韩国第一大钢铁生产销售企业，成立于 1968 年 4 月，40 多年来，POSCO 不断提高设备使用效率和生产效率，1998 年粗钢生产量世界排名第一。通过自主开发 Finex、CEM 等具有革新意义的技术强化全球领导地位，以及通过扩大海外投资确保原料的供应，不断提高高附加值战略产品在销售中的比例。现在，POSCO 拥有年产量世界第一的浦项及光阳制铁所，通过在中国、印度尼西亚、印度、越南、中南美等地区兴建生产基地，正积极推进全球生产体系的构建。完善的生产体系，稳定的原料供应，覆盖广泛的产品销售网络，共同奠定了 POSCO 在全球综合钢铁企业中的领先地位。依靠超越极限的挑战精神与实践力量，引领韩国的产业现代化与经济发展；如今的 POSCO 涉及钢铁、E&C、IT、新能源、新材料等领域，拥有遍布全球 9 个地区的 210 余个子公司。当前，POSCO 正以过去 40 多年中钢铁产业积累的核心力量为基础，积极培育第二核心事业，以此作为新的绿色成长动力，励志成为跨行业多领域的国际型企业，昂首阔步前进。

20 世纪 80 年代，改革开放春风拂面，POSCO 叩响了中国的大门，1985 年浦亚实业在香港率先注册成立。90 年代后期，中国钢铁业高速发展，POSCO 着手筹备战略性投资项目，北京代表处应运而生，韩国钢铁巨人加快了在中国的脚步。时至今日，POSCO 在华累计投资金额已超过了 43 亿美元，拥有 50 家法人公司，33 家控股公司，员工 7400 余人，组成了生产、加工、贸易流通等综合钢铁供应链，成为在华外资企业中唯一的综合性钢铁企业。

2003 年，生产企业和加工中心日益兴盛，可是中国地区缺少协同枢纽的问题也日益凸显。在历史的感召下，2003 年 11 月 7 日，浦项（中国）投资有限公司诞生了，POSCO 正式开启了中国地区经营本地化进程。200 余人的浦项（中国），在北京、上海、广州、香港、沈阳、武汉、青岛、重庆等各大一线城市安家落户。作为地区总部，公司在原有职能基础上，陆续增设了教育革新、对外协力、企划投资、新材料事业等支援部门，为中国地区法人公司提供人事、教育、革新、监察、财务、法律、外事等专业咨询的 Shared Service 分享服务，协助法人公司将 POSCO 文化落地生根，服务于生产经营的高效运转。

2010 年和 2011 年，POSCO 相继与吉林省、广东省建立战略合作伙伴关系，2013 年与重庆市签订 Finex 综合示范钢厂合作同意书，浦项磁铁、浦项北京中心等未来工程都将奠定浦项在华发展基石，预示着我们未来的新气象。在"默默无闻改变世界"的企业理念感召下，参与社会公益活动是浦项（中国）多年来经营活动中的重要一环，浦项（中国）建立了为期五年的"浦项龙井公益基金"，并在汶川地震、雅安地震、吉林省水灾等自然灾害发生之时积极动员在华法人，奉献爱心。点滴成金的丰硕果实获得了外界的关注和认可，POSCO 连续 7 年荣膺《南方周末》世界 500 强企业在华贡献排行榜百强行列。同时在劳资关系、环境保护等企业社会责任综合领域中取得的实践成果，在中国社会科学院的企业社会责任蓝皮书中给予了肯定。

2014 年 12 月，POSCO 在华总部大楼——浦项北京中心揭开神秘的面纱。在华全体浦项家族迎来乔迁之日，浦项（中国）将在这里，成为未来 POSCO 在华市场拓展与事业扩展的尖兵，与 Family 公司紧密协调，引领可持续发展。

表 8-1　主要奖项

	法人名称	主要奖项
主要奖项	POSCO-China	劳资关系和谐模范企业
		中国红十字会"中国红十字人道服务奖章"，"博爱奖牌"
		2013 年中国社会科学院中国外资企业 100 强企业社会责任企业指数第四名
		2014 年中国社会科学院中国外资企业 100 强企业社会责任企业指数第六名

续表

	法人名称	主要奖项
主要奖项	广东顺德	“顺德区节能先进企业”
		广东省现代企业 500 强
		顺德区“龙腾企业”
		广东省劳动用工守法优秀企业
		国家外汇管理局信贷调查 2011~2012 年度重点联系单位
		顺德区和谐劳动关系“先进企业”
		顺德区优质企业成长工程重点扶持企业
		顺德区扶贫开发“双到”爱心组织
	CWPC	芜湖市政府慈善奖，爱心单位
		武汉神龙汽车“最佳供应商”奖项（连续 3 年）
	CCPC	重庆市全球 500 强企业中排名“十大外资企业”第十名
		“重庆市具有影响力的全球 500 强企业”
		重庆市北部新区“十大进出口企业”
		重庆市“影响重庆·世界 500 强外资企业——经济贡献奖”
		重庆市“安全生产先进单位”
		重庆北部新区慈善会副会长单位
		重庆市慈善总会，《重庆日报》报业集团颁发的“十大爱老敬老道德风尚单位”
		重庆北部新区管委会“重庆市劳动关系和谐企业”奖
		重庆市总工会“模范职工小家”
		重庆市北部新区慈善会“爱老敬老道德风尚单位”
	CLPC	辽宁省诚信示范企业
		一汽大众优秀供应商
	CTPC	促进劳动关系稳定贡献奖
		天津开发区劳动关系和谐企业创建奖
	CSPC	舍弗勒优秀供应商
		苏州市劳动保障 A 级诚信企业
		昆山市劳动和谐企业
		花桥经济开发区劳动保障工作先进集体
		昆山市精神文明建设委员会“文明之星企业”
		昆山市人力资源协会“优秀会员单位”
		苏州市安康杯竞赛“优胜企业”荣誉
		苏州市厂务公开民主管理“先进单位”
		“模范职工之家”荣誉
		江苏省企业信用管理“贯标证书”
		ISO/TS16949：2009 证书
		昆山市劳动保障信誉等级 A 级单位

续表

	法人名称	主要奖项
主要奖项	CFPC	国家外汇管理局贸易信贷调查重点联系单位
		总经理金在镒获"广东省国际友谊贡献奖"
		顺德区和谐劳动关系模范企业
		顺德区优质企业成长工程（龙腾计划）重点扶植企业
	CDPPC	长兴岛管委会颁发 2012 年度青山生态建设花园式单位
		安全文化建设示范企业
		安全生产标准化三级企业
		花园式单位
		纳税信用等级 A 级企业
		遵守劳动保障法律法规诚信单位 A 级企业
	ZPSS	"能效之星"三星级企业
		"苏州循环经济示范企业"
		"张家港市年度节能及发展循环经济工作先进个人"（徐慎明科长及陈松杰科长）
		张家港市年度节能及发展循环经济工作先进集体
	QPSS	青岛经济技术开发区"敬老文明号"
	CYPC	"烟台荣誉市民"称号
		烟台开发区社会福利中心"最具爱心企业"
		烟台安全生产先进集体，安全生产标准化三级企业
	浦项建设	大连项目获得"辽宁省省级文明现场"荣誉称号（东北三省联合检查金奖）

二、履责历程

表 8-2　POSCO-China 履责历程

年　份	沿革历程
1985	成立 POSCO-Asia
1991	成立 POSCO 北京代表事务所
1995	成立浦项（天津）钢材加工有限公司
1997	成立张家港浦项不锈钢有限公司
	成立广东顺德浦项钢板有限公司
2003	成立中国区总部 POSCO-China
	设立青岩财团奖学金，促进中国地区人才培养和中韩文化交流
2005	成立浦项（苏州）汽车配件制造有限公司
	成立浦项（佛山）钢材加工有限公司

续表

年　份	沿革历程
2005	成立浦项（青岛）钢材加工有限公司
	成立青岛浦项不锈钢有限公司
2010	成立浦项长兴（大连）板材加工有限公司
	成立浦项（辽宁）汽车配件制造有限公司
	成立浦项（重庆）汽车配件制造有限公司
	成立浦项（烟台）汽车配件制造有限公司
	成立浦项（芜湖）汽车配件制造有限公司
	与吉林省龙井市政府开展文化交流活动，扶持民族文化
	POSCO-China 为遭受干旱的西南省区捐赠 5 万瓶矿泉水，并亲自由员工代表送到灾区
2011	设立浦项—龙井公益基金
2012	发行第一本 POSCO 在华企业社会责任报告
	举行"（浦项·中国）伽倻琴弹唱争创吉尼斯世界纪录"活动，推动龙井市文化事业发展
	CSPC 成立浦项红十字志愿服务队
2013	成立浦项（包头）永新稀土有限公司
	成立广东浦项汽车板有限公司
	成立浦项（吉林）钢材加工有限公司
	POSCO-CHINA 十周年庆典
	POSCO 在华企业社会责任排名中国社会科学院 CSR 蓝皮书首次入围外资企业前五（第 4 名）
	POSCO Family 向雅安芦山地震捐款 300 万元人民币
2014	支持《中国社会科学院企业社会责任报告编写指南 3.0 之钢铁行业》编撰
	POSCO 在华法人向云南省鲁甸地震灾区捐赠 200 万元人民币
	乔迁 POSCO 在华总部大楼——POSCO Center Beijing
	支援"大爱无国界——资助健康快车光明行"国际义卖

三、责任报告

（一）报告概况

　　企业社会责任报告是企业就社会责任议题与利益相关方进行沟通的重要平台。POSCO 致力于"POSCO the Great"的发展目标，将"创意经营、和睦经营、一流经营"作为企业发展愿景，并逐渐引申为 POSCO 贯穿可持续发展工作的核心理念。

POSCO 在创业初期怀有振兴韩国工业经济发展的国家使命感，因此在考虑未来战略时，力争在追求利润和解决社会问题之间寻求平衡，最终实现共赢。为了实现这个目标，2003 年，POSCO 成立了 CSR TEAM，开始探索企业可持续发展之路，2004 年，POSCO 发布第一份可持续发展报告。通过报告，POSCO 积极与环境、客户、投资人、伙伴、员工、社区六大重要利益相关方沟通，披露企业在可持续发展上的绩效。

POSCO 的社会责任理念是在与利益相关方沟通实践中共同发展，实现持续经营。以这样的社会责任理念作为开篇，2012 年 9 月，POSCO-China 发布了首份 CSR 报告书——《中国浦项 2011 年企业社会责任报告》，披露 POSCO-China 在华履责绩效的同时，也将成果反馈给公司管理层和 POSCO-China 总经理，希望可以作为一份强化内部管理，同时进行有针对性的监控、改进企业的系统材料。

2013 年 6 月，POSCO-China 成立了企业社会责任委员会，完善 CSR 组织体系建设，并于同年 7 月发布《中国浦项 2012 年企业社会责任报告》。2014 年 7 月，POSCO-China 发布了第三份 CSR 报告书，从 3 月启动报告书编制 Workshop，6 月积极联络社会科学院评价沟通，主动提交报告成果，参与外部评价，对报告书加以完善，历时 3 个月完成报告编制。通过报告的有效沟通，POSCO-China 倾听利益相关方的宝贵意见，并将其反映到企业实际经营活动中，遵守企业伦理，实行人权经营，尽到跨国企业的作用和责任，通过有体系的风险管理，有效应对环境变化，与利益相关方共同携手成长。

表 8-3 POSCO-China 企业社会责任报告发布情况

年份	报告页数	报告语言	报告版本	参考标准
2011	35	中文	电子版	《中国企业社会责任报告编写指南（CASS-CSR2.0）》 全球报告倡议组织（GRI）《可持续发展报告编写指南（G3）》
2012	82	中文	电子版	《中国企业社会责任报告编写指南（CASS-CSR2.0）》 全球报告倡议组织（GRI）《可持续发展报告编写指南（G3.1）》
2013	96	中文	电子版	《中国企业社会责任报告编写指南（CASS-CSR3.0）》 全球报告倡议组织（GRI）《可持续发展报告编写指南（G4）》

（二）报告投入

POSCO-China 社会责任报告以内部编制为主，各法人公司 CSR 担当负责收

集数据，POSCO-China 各职能部门进行案例材料提交，CSR TF 团队进行资料整理和报告撰写。除了内部人员积极参与编写以外，公司还邀请外部社会责任专家为报告编写提出意见或建议。每年报告编写投入资源如表 8-4 所示。

表 8-4　报告投入

年份	投入人员	投入时间	搜集素材
2011	4	2 个月	0.8 万字，0 张照片 1.6 万余字，0 张照片
2012	4	3 个月	1.42 万字，71 张照片 38.8 万余字，503 张照片
2013	9	4 个月	1.35 万字，61 张照片 12.4 万余字，225 张照片

四、报告管理

（一）组织

POSCO-China 将 CSR 报告书作为 CSR 工作的一个重要部分，在报告书编制过程中注重报告编制流程的科学管理。以企业愿景为指引，以企业社会责任规划为策略，以科学的管理体系为保障，扎实推进企业社会责任实践。

1. 社会责任组织体系

POSCO-China 于 2013 年 7 月设立企业社会责任委员会，权锡哲董事长任委员长，POSCO Family 各法人长任委员。POSCO-China 对外协力部负责社会责任工作的统筹、协调和日常管理，包括制定社会责任规划和年度发展计划，建立和完善社会责任工作的组织和制度，开展社会责任研究、培训和交流，编制和发布公司年度社会责任报告等，如图 8-1 所示。

2. 社会责任组织队伍

POSCO-China 社会责任工作由对外协力部负责牵头和推进，并在 POSCO-China Family 的其他法人企业设置了 CSR 专任/兼任的责任者与联络窗口，以保证企业社会责任在 POSCO-China 可以通畅、直接地进行推进和管理。2014 年，钅

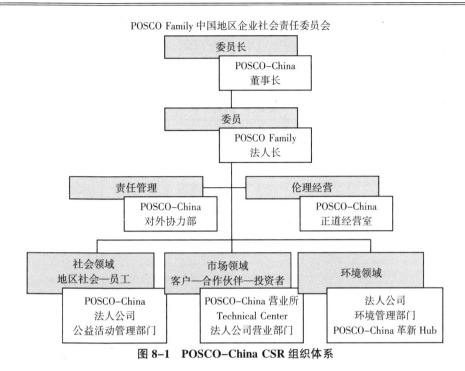

图 8-1　**POSCO-China CSR 组织体系**

对公司 CSR 报告书的编制，公司组成 CSR TF 团队，公司副总经理为核心领导，对外协力部负责牵头协调，POSCO-China 各业务部门代表为报告编写成员，下属法人 CSR 担当数据填报成员。

　　同时，为了进一步加强公司 CSR 团队人员的素质建设，POSCO-China 接受总部定期的 CSR 政策以及实施现况的宣贯培训，POSCO 作为连续十年入选道琼斯可持续经营指数的优秀企业，总部的 CSR 工作已经形成体系，并且开展了大量卓有成效的 CSR 实践，形成了具有 POSCO 特色的社会责任模式。公司在吸取总部 CSR 经验的同时，立足中国发展现况，探索 POSCO-China CSR 工作模式，积极参与社会科学院等机构组织的 CSR 理论以及报告编写的专题培训活动，在公司内部进行数据填报的巡讲培训，与业务部门深度沟通，保障数据采集质量，并就 CSR 报告书广泛征集意见，提升 CSR 团队理论和实践水平，培育浓厚的责任文化。

（二）参与

POSCO-China 把加强与利益相关方的沟通作为履行社会责任、实现可持续发

展的重要途径，不断建立健全集团内外部社会责任沟通机制，主动发现并积极回应利益相关方的期望。

表 8-5 参与方式

利益相关方	描述	对公司的期望	沟通方式
政府	中国政府和业务所在地政府	①遵守法律法规 ②坚持诚信经营 ③合规管理、依法足额纳税 ④带动社会就业	①积极开展诚信建设理念宣贯、制度执行和文化倡导 ②通过贸易遵纪守法和公正交易开展遵纪守法活动 ③POSCO 发布"未来·公益·共生"的核心伦理经营理念 ④通过 E-learning、员工伦理教育以及开展多种形式的守法合规培训增强员工遵纪守法意识 ⑤建立风险管理制度并不断完善体系
合作伙伴	供应商、经销商	①遵守商业道德和法律法规，与合作伙伴搭建战略合作机制 ②带动供应链合作伙伴履行社会责任 ③开展公平贸易，推动产业链持续健康发展 ④加强对供应商的管理，完善产品质量管理体系，促进长期合作和共同发展	①正道经营：在经营过程中坚决抵制任何形式的行贿及商业贿赂行为，努力实践公平竞争的理念，尽力保障合作伙伴的权益 ②品质经营：以韩国和中国生产产品质量相同作为品质经营标准，以此体系为基准进行生产、设备、品质的全球化综合管理体系运营 ③责任采购：与供应商建立战略合作伙伴关系，坚持集团采购方针，要求供应商严守集团对其 CSR 采购的要求，开展绿色采购活动并与供应商协作实现成果共享
客户	已购买或潜在购买公司产品和服务的所有用户	①提供优质产品和服务 ②开展客户满意度调查，听取客户意见和建议 ③保障客户信息安全 ④为客户创造更大价值	①提供以顾客需求为导向的解决方案，遵守以创新价值为导向的研发战略，并遵循以一流品质为导向的生产准则，坚持以优质服务为导向的客户方针 ②定期、随时访问客户，进行产品和技术持有现状及研发情况的交流 ③中国地区以技术服务-EVI-技术研究的综合性技术组织，向客户提供一站式服务 ④完善设备综合质量管理体系，打造企业生产竞争力
员工	公司组织机构中的全部成员	①保障法律赋予员工的基本权益，争取员工最大福利 ②注重员工健康安全，提供活泼开放的沟通渠道 ③给予员工清晰的职业规划和创造挑战的可能性 ④培养员工长远发展，保障员工工作生活平衡	①遵守国家相关法律法规，确保员工权益实现 ②坚持平等雇佣，促进残疾人就业 ③营造和谐劳动关系，建立员工意见反馈通道，收集员工意见 ④根据岗位体系形成不同的专业化员工培训体系 ⑤接受总部 PCI 和 G-JEDP 培训（POSCO Cultural Innovator，PCI，代表文化革新家培养课程和部长培养课程；Global-Junior Executive Development Program，G-JEDP），提升"核心价值共享"、"革新案例"、"人力资源开发（HRD）"等专业能力 ⑥建立职业健康与安全委员会，打造安全健康的工作环境 ⑦为员工营造一个宽松、舒适的工作和生活环境 ⑧关怀女职工，开展特殊人群和困难员工帮扶 ⑨举办丰富活动，增强员工归属感与积极性

续表

利益相关方	描述	对公司的期望	沟通方式
环境	企业业务、运营所在地及整个地球的自然环境	①遵守国家环境法律法规和相关产品的环保标准 ②将环境管理和环境保护贯穿于研发、生产、销售全过程 ③推进环保理念在企业内外的宣贯和落实，提升全社会环保意识	①遵纪守法，以"构建追求低碳绿色成长的环境经营全球标准"为理念，建立 POSCO Family 环境经营体系 ②生产绿色产品和建立绿色工厂，坚持产品环境评价，坚持环境信息公开 ③举办环保培训；通过技术降低"三废"，同时保护水资源，循环利用生产废水 ④践行绿色办公并积极发展循环经济 ⑤重视环境安全，加强环境建设应急预案 ⑥依法对项目进行环境影响评价
社区	企业业务及运营所在地	①通过企业经营带动社区经济社会发展 ②尊重各地区的法律法规和人文风俗，与社区充分沟通，和谐共存 ③积极支持教育扶助、灾害救助和社区扶贫济困等慈善公益活动	①POSCO 在华法人遵循"for a Better World"的公益慈善核心理念，把社会公益活动纳入经营良性循环中，与社会分享经营成果，重点关注社会弱势群体帮扶、助学助教、环境保护等战略性公益慈善领域 ②发展广大员工成为志愿者，广泛开展爱心帮困、社区建设 ③为了改善环境，开展植树、鼓励低碳出行等特色的环保公益活动 ④以奖学金为重点推进教育事业，定向培养相关专业技术人才，包括青岩财团设立亚洲伙伴关系奖学金等
社会组织	行业协会、科研院所、国际国内民间组织、地方团体等	①重视社会团体的诉求并积极与之沟通 ②积极参与、支持社会团体组织的各项活动 ③就社会责任议题主动与社会团体开展形式多样的合作	积极参与政府、行业协会、科研院所举办的关于 CSR 的会议、论坛和活动，保持长效沟通，增强行业、社会及 CSR 领域的敏感度

（三）界定

1. 议题确定流程

（1）参考国际、国内专业标准。

（2）结合总部政策和中国实践。

（3）听取专家意见。

（4）企业员工调查问卷。

（5）中高层任员访谈。

（6）利益相关方意见收集。

2. 社会责任核心议题

POSCO-China 紧跟全球报告倡议组织《可持续发展报告编写指南（G4）》、

《中国企业社会责任报告编写指南（CASS-CSR3.0)》等国内外标准倡议，结合企业自身实践和利益相关方普遍要求，开展企业社会责任核心议题的甄别与筛选，明确社会责任工作的重点与报告内容的边界。如图8-2所示。

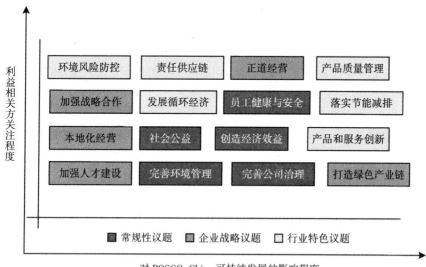

图8-2　POSCO-China CSR 核心议题

（四）启动

1. 组织准备

2014 年，POSCO-China 企业社会责任报告书编制工作于 3 月正式启动，对外协力部牵头成立 CSR TF 团队，副总经理任团队最高领导，对外协力部为主要联络部门，POSCO-China 业务部门为主要编写成员，数据填报成员为下属法人 CSR 担当，POSCO 总部 CSR 担当提供顾问指导。

2. 计划推进

POSCO-China 的 CSR 报告书严格按照报告编写推进计划执行。2014 年 3 月 13 日，在华 25 家法人公司的 29 位 CSR 成员举行 Workshop，发布 2013 年度 POSCO 在华企业 CSR 报告生命周期工作日程，2014 年 4 月正式开始进行数据的采集和填报，下属法人按生产企业和加工企业区分填报相应数据。

3. 编写培训

为了高效、严谨地汇报 POSCO-China 一年来的履责绩效，公司在内部积极对 CSR 成员进行编写培训。2014 年 3 月 Workshop 邀请总部 CSR 推进事务局工作人员进行总部 CSR 政策及案例宣讲；2014 年 4 月对 6 家法人公司共 29 位 CSR 成员的数据填写进行巡讲培训；并于 5 月 12 日举行编写团队研讨会，为 POSCO-China 各职能部门工作人员进行明确的报告编写任务的分工及日程安排，以保证 CSR 报告书按时并保质保量完成。

同时，为了进一步提升公司 CSR 的理论水平和对 CSR 的理解，POSCO-China 组织相关人员参加社会科学院及相关机构举办的培训，如公益讲堂等，为报告书的撰写打下坚实的理论基础。

（五）编写

2014 年 POSCO-China CSR 报告书从正式启动到编写发布，一共经历了 3 个月的时间，专任编写人员 3 人，相关人员 2 人，共计 5 人参与报告书编写。

1. 前期准备

（1）开展利益相关方访谈。《中国浦项 2013 年社会责任报告》将利益相关方访谈作为整体报告编写的第一步。分别与政府、员工、供应商等利益相关方，就 POSCO-China 社会责任履行的期待和评价进行了采访，以披露针对性成果。

（2）形成报告书基本框架。根据利益相关方访谈结果，并集合 POSCO-China 的年度战略和发展要求，围绕公司战略及 "Creative POSCO，One POSCO，Top POSCO" 的经营理念形成报告书的基本框架。

POSCO-China 2013 年 CSR 报告书以典型的三重底线式框架为基本结构，展现 CSR 管理组织体系、责任沟通以及能力建设，同时表现企业在市场、社会、环境三方面的履责绩效。

（3）确定报告指标体系。结合所确定的社会责任议题和钢铁业自身的特点，POSCO-China 以中国社会科学院企业社会责任研究中心最新发布的《中国企业社会责任报告编写指南 3.0 之一般框架》标准编制，参考 GRI、ISO26000、联合国全球契约等国际和行业标准，按照钢铁业特殊议题进行报告指标体系确定，最终通过 POSCO-China 在华法人对指标数据的收集、分析进行指标体系的管理和反馈，力求更加准确地指导报告编制工作。

2. 报告编写

（1）资料收集、内容撰写。在确定了报告书的主题、框架和指标体系之后，

POSCO-China CSR TF 团队制作资料收集清单，面向所有 POSCO-China 在华法人进行相关资料的收集。根据指标性质的不同，主要从三个通道进行资料的收集：

1）总部各职能部门横向资料收集。浦项（中国）投资有限公司作为地区总部，根据人事、财务、税务、法务等部门职能划分，将社会责任指标体系分解，收集职责范围内的相关材料，包括但不限于与业务领域相重合的企业社会责任数据，如主要经营指标等。

2）面向 POSCO Family 在华法人进行，贯穿于日常工作的阶段性资料收集和年终资料统计。通过各法人单位 CSR 成员对所在公司业务范围以外的资料进行阶段性收集，由公司对外协力部进行最终案例的汇总。

3）重点案例征集和整理。针对不能量化的指标，要求各部门向各法人单位征集实践案例，然后归纳总结、提出选取建议。

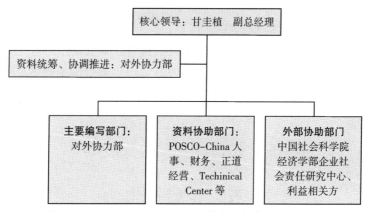

图 8-3 POSCO-China 企业社会责任报告编写委员会

（2）评级与总结。2014 年 5 月，浦项（中国）投资有限公司就 2014 年 CSR 报告书召开了相关方意见征求会，邀请了中国社会科学院经济学部企业社会责任研究中心等利益相关方代表出席，一起为 CSR 报告书提出修订建议。通过反馈意见，对报告书进行修订之后，将报告书提交中国企业社会责任报告评级专家委员会，《中国浦项 2013 年社会责任报告》最终获得四星级的优秀评价。

POSCO-China 在发布报告后及时进行报告编制的总结活动，将评级结果及成绩及时向 POSCO 总部反馈，总部对 POSCO-China 为在华 POSCO 企业形象的提升做出的贡献予以肯定和表彰。报告最终的评价结果将反馈给公司经营层干部和在华企业相关负责人。在《2014 企业社会责任蓝皮书》中，POSCO-China 最终以

70.5 分的好成绩位列外资企业第六名，取得了阶段性的成果。

（六）发布

截至目前，POSCO-China 已经连续三年发布企业社会责任报告，均采取网络发布的形式。公司网站设立了社会责任专栏，每年的报告发布在公司网站社会责任专栏下 CSR 报告书中通过电子版呈现，用最直接和方便的阅读方式将报告呈献给利益相关方。

（七）反馈

社会责任报告是综合展现企业社会责任履行情况的载体，也是公司评估年度可持续发展绩效、收集利益相关方反馈意见，进而有针对性地提升企业管理水平的重要管理工具。

POSCO-China 鼓励在与利益相关方进行沟通时积极使用社会责任报告。通过 CSR 报告，不仅可以有效梳理企业自身的管理实效，从更高的层次上帮助组织传递企业在经济、环境和社会方面遇到的机遇和挑战，更有助于加强公司与利益相关方（供应商、投资者、社区）沟通，建立信任。此外，CSR 报告还可以塑造企业声誉，打造 POSCO-China 在华负责任的品牌形象。

五、评级报告

《中国浦项 2013 年社会责任报告》评级报告

中国社会科学院经济学部企业社会责任研究中心（以下简称"中心"）受浦项（中国）投资有限公司委托，从"中国企业社会责任报告评级专家委员会"中抽选专家组成评级小组，对《中国浦项 2013 年社会责任报告》（以下简称《报告》）进行评级。

一、评级依据

《中国企业社会责任报告编写指南（CASS-CSR3.0）》暨《中国企业社会责任

报告评级标准（2014）》。

二、评级过程

1. 过程性评估小组访谈浦项（中国）投资有限公司社会责任部门成员。

2. 过程性评估小组现场审查浦项（中国）投资有限公司及下属企业社会责任报告编写过程相关资料。

3. 评级小组对企业社会责任报告的管理过程及《报告》的披露内容进行评价。

三、评级结论

过程性（★★★★）

企业对外协力部牵头成立编写组，高层领导参与编写推进及报告审定；编写组对利益相关方进行识别，根据公司重大事项、行业对标分析对实质性议题进行界定；计划在官方网站发布报告，并将以电子版、简易版、印刷版等形式呈现报告，具有优秀的过程性表现。

实质性（★★★★☆）

《报告》系统披露了"产品质量管理"、"产品创新"、"责任采购"、"职业健康管理"、"安全生产"、"发展循环经济"等金属冶炼及压延加工业关键性议题，具有领先的实质性表现。

完整性（★★★★）

《报告》从"社会责任管理"、"社会"、"市场"、"环境"等角度披露了金属冶炼及压延加工业 70.0% 的核心指标，完整性表现优秀。

平衡性（★★★☆）

《报告》披露了"安全事故数"、"安全生产工伤人数"、"职业病发生数"等负面数据信息，平衡性表现良好。

可比性（★★★★）

《报告》披露了"销售额"、"纳税额"、"员工总数"等 31 个关键绩效指标连续3 年以上的历史数据，并对企业社会责任发展指数名次进行国内对比，可比性表现优秀。

可读性（★★★☆）

《报告》框架清晰，篇幅适宜，充分利用图片、表格等表达方式，配合大量案例，排版简洁大方，具有良好的可读性表现。

创新性（★★★☆）

《报告》以专题形式梳理公司 2013 年社会责任大事记，重点突出，便于相关方了解企业年度履责实践，创新性表现良好。

综合评级（★★★★）

经评级小组评价，《中国浦项 2013 年社会责任报告》为四星级，是一份优秀的企业社会责任报告。

四、改进建议

1. 增加负面数据信息以及负面事件的披露，提升报告平衡性。

2. 增加行业核心指标的披露，进一步提高报告的完整性。

3. 加强报告过程性管理，进一步提高利益相关方参与度。

评级小组

组长：中国社会科学院经济学部企业社会责任研究中心主任　钟宏武

成员：清华大学创新与社会责任研究中心主任　邓国胜

　　　中国企业联合会全球契约推进办公室主任　韩　斌

　　　中心过程性评估员　方小静　张晓丹

评级专家委员会副主席　　　　　　　　　　　评级小组组长
中心常务副理事长　　　　　　　　　　　　　中心主任

附：韩国浦项钢铁公司社会责任调研报告

2014 年 12 月 9~13 日，由中国社会科学院经济学部企业社会责任研究中心、工信部政策法规司、浦项（中国）组成的调研团一行 9 人前往韩国浦项钢铁公司（以下简称"浦项"或"POSCO"）考察，听取 POSCO 的 CSR 管理及实践的详细介绍，同时实地参观浦项制铁所，考察生产、安全保障及环境管理等工作。作为连续 10 年入选道琼斯全球可持续发展指数的企业，POSCO 无论在 CSR 管理还是实践上都取得了突出的成绩。

一、CSR 管理现状

有效的责任管理是企业实现可持续发展的基石。对于企业来说，积极推进社会责任管理体系建设，及时披露相关信息，有助于提升企业管理水平，加强企业与利益相关方的沟通。

(一) 责任战略与责任治理

浦项致力于 "POSCO the Great" 的发展目标，将企业的发展愿景归纳为 "创意经营、和睦经营、一流经营"，这三个词蕴含着创造性思维、强调一体和追求世界第一的概念，并逐渐引申为 POSCO 贯穿可持续报告的核心理念。

相对于一般企业，浦项在韩国有着特殊背景，在创业初期它怀有国家使命感，因此追求利润并不是企业最重要的考虑。在制定未来战略时，POSCO 更多的是追求在获取利润和解决社会问题上实现共赢。为了实现这个目标，POSCO 秉承经济、社会、环境一体的发展理念，于 2003 年成立 CSR TEAM，2004 年发布第一份可持续发展报告，对六大利益相关者——环境、客户、社会、投资者、合作伙伴、员工进行回应沟通。

POSCO 目前已经形成了较为完善的 CSR 治理体系，公司在决策层面和战略制定层面由董事会、CEO、一般股东会议、POSCO 集团 CEO 会议，POSCO 运营会议等组成；在可持续管理的议题讨论和方向设定层面由专门的 CSR 委员会、环境管理委员会、同伴成长委员会、公平交易委员会组成；在执行和运营层面则由更加具体的部门来负责，如企业审计部、环境部、能源和社会责任以及公平交易支持 GROUP、价值管理部、同伴成长 GROUP、全球安全与健康 GROUP。此外，POSCO 的 CSR 管理方式是平行方式，计划是由各部门自己制定，各部门之间相对独立，CSR 部门及具体工作人员的职能主要是报告和外部窗口的联络功能，并没有制定战略、计划以及考核的职能。

(二) 责任融合与责任绩效

POSCO 不仅自身积极推进可持续发展，还带动海外法人及供应链伙伴共同履行社会责任，为他们提供 CSR 方面的指导和帮助，实现共同成长。例如，POSCO 与很多间接的供应商合作，在这种供应链体系中，会导致集资慢，资金周转不好等问题，而次一级的供应商可能不能及时得到结算，甚至容易面临倒闭的风险。因此，POSCO 与银行合作，形成信贷资金，可以提前为次一级供应商结算，解决供应商的问题。

经过多年发展，POSCO 经过民营化专制，2014 年产能达到 4800 万吨，包括浦项制铁所的 6 大高炉、光阳 5 大高炉等其他技术产能。POSCO 连续 5 年竞争力企业全球排名第一，连续 3 年被评为东亚企业 30 强，连续 10 年被道琼斯指数评为可持续发展企业，连续 11 年被财富韩国评为最尊敬企业。

（三）责任沟通与责任能力

CSR 报告是责任沟通非常重要的工具。POSCO 在可持续报告的编制过程中，逐渐实现了年报和 CSR 报告的合并，并且每年报告内容有越来越多的趋势，这受到内外两个因素的影响：内因是 POSCO 股东来自 12 个部门，CSR 工作有专门的 CSR TEAM 部门，两者相互之间业务和人员有交叉，因为彼此需要，实现两大报告合并；外因是外界对企业履行社会责任方面的意见和建议越来越多，而现在 CSR 报告书的篇幅不够，因此披露内容逐年增多。

经过多年的扎实推进和连续 11 年发布 CSR 报告的工作基础，POSCO 的 CSR 报告编制已经形成体系，部门之间已形成稳定的工作基础和成员间的默契，分工明确并且会独立提供固定数据和案例。此外，POSCO 的 CSR 报告编制流程也非常规范，从 2011 年起公司与 POSCO Research Institute 合并，形成 CSR 指标体系。2013 年 10 月，形成 POSCO 海外企业 CSR 指标体系，以进一步指导报告编制工作。同时，在报告书最后一页附上第三方认证，其中的重要过程即对主要业务部门进行面对面访谈，包括高层领导。

POSCO 不仅努力发挥报告的沟通价值，还积极与六大重要的利益相关者沟通，分别为环境、客户、社会、投资者、合作伙伴、员工。尤其在与股东的沟通上，POSCO 有特殊的沟通渠道，如 2007 年公布企业组织结构管理宪章，提供透明的组织关系体系结构；2010 年，设立涉外董事；2014 年举办投资人论坛等。

POSCO 对可持续发展的经营不仅局限于韩国国内，对于海外法人的 CSR 工作也提供了丰富的指导。不仅积极有效地宣贯 POSCO 的 CSR 最新政策和工作成果，更努力为中国法人提供个性化的能力培养。例如，2014 年 3 月 POSCO-China CSR Workshop 邀请总部 CSR 推进事务局工作人员进行总部 CSR 政策及案例宣讲，提升中国法人履行社会责任的意识。

二、CSR 实践现状

（一）市场责任

1. 公平交易（Compliance Program，CP）

在韩国社会，对于不公平的交易行为具有明确的规定和严厉的处罚措施。为了遵守法律规定，维护公平交易的市场环境，在韩国国内，606 家企业导入 CP，提升经营透明度，维护企业形象，营造健康的发展氛围。

POSCO 以正道经营作为企业宗旨，多年来通过自身努力已经成为韩国诚信经营、守法合规的企业界典范，自 2002 年开展 CP 工作，2003 年 4 月引入第三方的评级，经历 2006~2012 年 CP 高速发展和完善的时期，POSCO 成就显赫。在韩国国内获得了 CP 最高级别 AA 荣誉，韩国正道经营奖项由于成绩突出被作为韩国财政部正道经营的典型案例。

POSCO 在公平交易自律遵守纲要方面设定了 7 个必须遵守的必要要素以及 2 个可选择要素。这七大必要要素是：

（1）CEO 发表决心和宣言。CEO 的决心宣言，属于最高经营者的伦理实践签署，每年在新年贺词中体现，号召全员宣誓遵守公平交易、自律规范的决心。

（2）指定专门人员为最高管理者。最高管理者通过董事会产生，公示后最终确定人选。最高管理者必须自觉遵守运营的情况。

（3）自觉遵守手册的制定和发放：具体指导等。在钢铁生产过程中，涉及大量的采购环节，针对不同环节，制定和发放自觉遵守方面的行为准则，并且为员工提供多种版本（纸质版、APP 版等）方便阅读。

（4）培训课程的运营：主要是线上培训，E-learning，将案例做成课件共享。为不同级别的员工提供不同形式的培训，比如线下培训、担当培训以及外部专家培训。2014 年在线听课共计 16000 人次。

（5）构筑内部监管体系：提供 Check List，事后监控。关于内部监督体系，POSCO 有专门的网站提供网上自觉遵守的 Check List，并且针对履行情况检验后实施事后监控。包括一些负面的案例，比如在销售时忽视市场规律的一些行为等，这有利于明确规范销售人员的行为准则，避免企业生产经营中的问题。

（6）构筑违法者的处罚条例。POSCO 对于公平交易奖惩分明，成立举报的对外窗口，制定了相应规定。当部门内有不公正交易行为出现，每个部门长有义务通报举办部门。同时设置第三方的奖励制度，每次举报最高奖励金额可达 5000

万韩圆。

（7）公平交易文件管理。

以上的七条是必须满足的，以下两条是选择性的，虽然并不是必要的，但是POSCO 会在具体工作中自觉接受来自企业外部的评价。

（1）自觉遵守协议会的组成。自觉遵守协议会，每年定期两次会议，协商内部决定。对企业出现的违反情况进行总结，同时选拔优秀人员表彰，也有包括销售和采购支援部门的决策环节。

（2）运营成果的评价体系。POSCO 每年都参与公平交易成果的外部评价，将内外部调查以及自我评价的结果作为下一阶段的计划依据。目前 POSCO 的 47 家子公司中的 32 家已经加入该业务范围。12 家公司接受外部认证。

不仅如此，POSCO 还有许多小的措施，保证公平交易的贯彻执行。例如，设置 POSCO 礼品归还中心；全员参与企业正道志愿实践项目；对海外待派遣人员提供集中正道经营培训等。

2. 同伴成长（Shared Growth）

POSCO 提出同伴成长理念的初衷是希望企业和社会像一家人一样共同成长，在众多实践中的一个重要方面是技术方面的合作。例如，一个始于 2006 年的项目，POSCO 动员浦项工大等研究院的博士级人才，在业余时间传授中小企业核心技术，试图为企业解决难题；同时也会为一些中小企业提供关于融资方面的支持，如为中小企业贷款。

此外，POSCO 还开展了一个创意超市的项目，具体内容是青年风险投资项目，解决年轻一代就业问题。POSCO 为了实现社会的和谐发展，对于好的创意项目，会提供资金和指导。近年来开展新项目，任员①以高层领导的观点为中小企业提供指导，服务范围不仅在技术层面，还包括劳资、财务、革新等专员化的领域。

3. 客户责任

在客户责任方面，POSCO 坚信"客户的成功就是我们的未来"。公司不仅为中小企业的营销活动提供支持，更提供智能化信息服务和渠道，开设全球技术中心，让客户参与到产品研发的过程中，为客户创造更大的价值。

---

① 任员是指韩国企业中担任某团体的运营与监督职责的人，即企业的中高层领导。

（二）社会责任

1. 安全生产

12 月 11 日，社科院 CSR 调研团一行前往浦项制铁所生产车间、全球安全中心参观。进入 POSCO，首先映入眼帘的是"资源有限，创意无限" 8 个汉字，工厂内更是随处可以看到"Safety First, Quality Best"的条幅。可见浦项将安全生产放在非常重要的位置。

调研团在 POSCO 全球安全中心的体验活动丰富而有趣。这里不仅是 POSCO 安全技术展示、员工参与培训的地方，同时也是学校的第二课堂，大中小学生们可以在这里学习急救知识；通过寓教于乐的形式让参观者为安全作业人员选择服装装备；4D 安全体验中心有多部影片，让参观者了解安全隐患为安全生产带来的巨大影响，提高员工的安全意识。在安全教育中心，张副所长介绍了浦项可以承受 440 克重物坠落的鞋子和 300 克重物的安全帽等劳保用品，介绍了自动断电装置等安全设计要素。通过强调技术安全，不仅保护每一名员工的切身安全，而且可以调动基层员工的聪明才智，创造保障安全的工具等。POSCO 还有 10 条"安全铁律"，它们都是非常细致容易被人忽略的问题，要求员工必须遵守，时刻把安全放在首位。

2. 社会公益

由于主要是 B2B 企业性质，受众面不是直接消费者，因此浦项把眼光投入到国民的整体获益。同时，浦项致力于满足社区需求，帮助社区成长与发展，并注重与社区的交流及沟通。在这样的公益特点之下，浦项的社会公益理念显得简单而纯粹，"For a Better World"意指为了更好的世界。POSCO 的公益领域主要包括社区、人才、地球环境、跨文化、文化遗产。

（1）社区公益。POSCO 规定员工每月必须做一天义工。为了更加体系化，公司还结成一对一的姊妹村，定期交流。也鼓励海外法人公司自发性的活动。每年在海外举行志愿者服务周，开展公益活动。

（2）全球人才培养。人才培养是浦项创业至今重点支援的领域。在中国，POSCO-China 设立专门的青岩财团亚洲奖学金，资助清华、北大优秀高校学生；为亚洲人才的培养以及文化的交流搭建平台。

（3）地球环境。由于浦项工厂临海而建，因而对海洋环境的保护有一套应对措施，Clean Ocean 专门提供海洋环境保护的服务，主要内容是清理垃圾，为渔民服务。

（4）文化遗产保护。POSCO 成立专门的韩国文化遗产保护志愿组织"Gakku-mi"，活动包括文化资产的监察，环境清理、保护和修复，也包括翻译相关的文化传播手册等，代表活动有宣靖陵的文化遗产保护等。

（5）跨文化的公益活动。当前社会发展有很多问题并存，譬如嫁入韩国的外籍女性，针对她们的再就业和社会融合的问题，POSCO 与政府合作，为妇女提供就业机会。如网上电话咨询，以及 CaféOasia 等。

从发展趋势来观察，浦项很多公益性项目之前只在浦项市和光阳市，后来扩大到整个韩国，现在逐渐走向海外，如印度尼西亚、埃塞俄比亚等地，实现公益项目与商业项目的结合。

（1）POSCO 在印度尼西亚。浦项在印度尼西亚建立了综合制铁所。从 2005年开始，开展了很多系统的公益活动。如针对儿童教育设施落后、青壮年缺乏就业岗位等问题，与当地的 NGO 合作，改造当地学校，进行就业技能培训以及后续的就业指导。此外，还成立社会型企业，将收益回馈到当地社会。

（2）POSCO 在中国。在中国，POSCO-China 与吉林省龙井市合作，成立文化基金。为了更好地保护朝鲜族文化，作为项目的成果之一，最终申请了千人（实际数量为 854 台）演奏伽倻琴的吉尼斯世界纪录。此外，每年遇到地震，子公司会向红十字会捐赠，海外员工志愿者也会践行每年一周志愿活动。

2013 年，POSCO 以"分享1%，分享希望"为口号成立"the POSCO 1%"基金会，这个项目成立于 2011 年，最初是由领导层捐赠每月 1%的薪水，现在这个计划已经扩展到一般领导层甚至是外包合作者，如今参与人数已经达到 2 万人，涉及 33 个 POSCO 法人公司以及 102 个外包合作者。2014 年，以"为了一个更好的明天分享1%"的理念，基金会在发展中国家的社会福利、社区发展领域开展更多的活动。

3. 营造和谐工作环境

POSCO 首尔中心为员工精心打造了一个创意空间，这里有绿植，有阅读区、休闲区，不仅是员工休息的场所，公司更希望员工在休息中得到启发，获得创造性思维并用于工作中。

POSCO 努力为员工营造快乐幸福的工作氛围。2014 年开始实施倒班制，以前 4 组 3 班倒，现在 4 组 2 班倒，工作时间不变，但假期增加了 86 天。虽然都是一些细微的调整，却体现了处处为员工着想的人本理念。

（三）环境责任

POSCO 作为连续 10 年入选 SAM-DJSI 领先企业，环境部分得分高达 90 分，居于钢铁企业世界第一。企业的环境责任主要体现在技术领域的革新，Finex 环境革新技术；海洋生态系统的修复，环保的公益性活动；应对气候变化所做的努力等方面。

POSCO 建立 "New Poems" 环境管理体系，包括 7 个过程：水—空气—副产品—土壤和地下水—化学物质—管理摘要信息—环境审计，全流程管理企业对环境施加的影响。

在浦项制铁所，调研团通过 POSCO 企业宣传片和钢铁工艺生产流程，加深了对 POSCO 和钢铁企业的了解，解说员着重介绍了 POSCO 的 Finex 新技术。与传统的高炉炼铁工艺相比，Finex 炼铁工艺省去了炼焦和烧结过程，生产的铁水质量可以与高炉及 Corex 工艺相媲美。这是世界上独一无二的工艺装备，可以大大减少环境污染。POSCO 的绿化在全世界钢铁企业也是数一数二的，厂区里面绿树可以起到防尘的作用。在制铁所看不到粉尘，闻不到异味，也听不到噪音，与浦项制铁所相隔 500 米以外的地方是浦项市区，居住着大量市民，POSCO 力争通过最洁净的技术让市民放心。

调研团与环境监测中心的访谈在 POSCO 制铁所内最高的建筑里进行。在这里可以看到 POSCO 在整个制铁所安放的环境监测点，24 小时监测环境数据，并且每 5 分钟上传 1 次数据到政府环境部门，远远高于法律规定的 30 分钟上传 1 次的频率，加强了环境风险应对能力。

附　录

一、主编机构：中国社会科学院经济学部
企业社会责任研究中心

中国社会科学院经济学部企业社会责任研究中心（以下简称"中心"）成立于 2008 年 2 月，中国社会科学院副院长、经济学部主任李扬研究员任中心理事长，国务院国有资产监督管理委员会研究局局长彭华岗博士、中国社会科学院工业经济研究所所长黄群慧研究员任中心常务副理事长，中国社会科学院社会发展战略研究院钟宏武副研究员任主任。中国社会科学院、国务院国有资产监督管理委员会、人力资源和社会保障部、中国企业联合会、人民大学、国内外大型企业的数十位专家、学者担任中心理事。

中心以"中国特色、世界一流社会责任智库"为目标，积极践行研究者、推进者和观察者的责任：

● 研究者：中国企业社会责任问题的系统理论研究，研发颁布《中国企业社会责任报告编写指南（CASS-CSR 1.0/2.0/3.0）》，组织出版《中国企业社会责任》文库，促进中国特色的企业社会责任理论体系的形成和发展。

● 推进者：为政府部门、社会团体和企业等各类组织提供咨询和建议；主办"中国企业社会责任研究基地"；主办"分享责任——中国企业社会责任公益讲堂"；开设中国社会科学院研究生院 MBA《企业社会责任》必修课，开展数百次社会责任专项培训；组织"分享责任中国行——中国 CSR 优秀企业调研活动"，参加各种企业社会责任研讨交流活动，分享企业社会责任研究成果和实践经验。

● 观察者：从 2009 年起，每年出版《企业社会责任蓝皮书》，跟踪记录上一年度中国企业社会责任理论和实践的最新进展；从 2011 年起，每年发布《中国企业社会责任报告白皮书》，研究记录我国企业社会责任报告发展的阶段性特征；自 2010 年起，制定、发布、推动《中国企业社会责任报告评级》，累计为 200 余份中外企业社会责任报告提供评级服务；主办"责任云"（www.zerenyun.com）平台以及相关技术应用。

中国社科院经济学部企业社会责任研究中心

2014 年 12 月

电　话：010-59001552

传　真：010-59009243

网　站：www.cass-csr.org

微　博：http://weibo.com/casscsr

中心官方微信号：中国社科院 CSR 中心

微信公众账号：CSRCloud（责任云）

E-mail：csr@cass-csr.org

地　址：北京市朝阳区东三环中路 39 号建外 SOHO 写字楼 A 座 605 室（100022）

关注中心微信平台　关注中国企业社会责任研究最新进展

中国社科院 CSR 中心

责任云 CSRCloud

研究业绩

课题：

1. 国务院国资委：《海外中资企业社会责任研究》，2014 年。

2. 国务院国资委：《中央企业社会责任优秀案例研究》，2014 年。

3. 工信部：《"十二五"工业信息企业社会责任评估》，2014 年。

4. 国家食药监局：《中国食品药品行业社会责任信息披露机制研究》，2014 年。

5. 国土资源部：《矿山企业社会责任评价指标体系研究》，2014 年。

6. 中国保监会：《中国保险业社会责任白皮书》，2014 年。

7. 全国工商联：《中国民营企业社会责任研究报告》，2014 年。

8. 陕西省政府：《陕西省企业社会责任研究报告》，2014 年。

9. 国土资源部：《矿业企业社会责任报告制度研究》，2013 年。

10. 国务院国资委：《中央企业社会责任优秀案例研究》，2013 年。

11. 中国扶贫基金会：《中资海外企业社会责任研究》，2012~2013 年。

12. 北京市国资委：《北京市属国有企业社会责任研究》，2012 年 5~12 月。

13. 国资委研究局：《企业社会责任推进机制研究》，2010 年 1~2010 年 12 月。

14. 国家科技支撑计划课题：《社会责任国际标准风险控制及企业社会责任评价技术研究之子任务》，2010 年 1~12 月。

15. 深交所：《上市公司社会责任信息披露》，2009 年 3~12 月。

16. 中国工业经济联合会：工信部制定《推进企业社会责任建设指导意见》前期研究成果，2009 年 10~12 月。

17. 中国社会科学院：《灾后重建与企业社会责任》，2008 年 8 月~2009 年 8 月。

18. 中国社会科学院：《海外中资企业社会责任研究》，2007 年 6 月~2008 年 6 月。

19. 国务院国资委：《中央企业社会责任理论研究》，2007 年 4 月~2007 年 8 月。

专著：

1. 黄群慧、彭华岗、钟宏武、张蒽：《企业社会责任蓝皮书（2014）》，社会科学文献出版社 2014 年版。

2. 钟宏武、魏紫川、张蒽、翟利峰：《中国企业社会责任报告白皮书（2014）》，经济管理出版社 2014 年版。

3. 孙孝文、张闽湘、王爱强、解一路：《中国企业社会责任报告编写指南（CASS–CSR3.0）之家电制造业》，经济管理出版社 2014 年版。

4. 孙孝文、吴扬、王娅郦、王宁：《中国企业社会责任报告编写指南（CASS–CSR3.0）之建筑业》，经济管理出版社 2014 年版。

5. 孙孝文、文雪莲、周亚楠、张伟：《中国企业社会责任报告编写指南（CASS–CSR3.0）之电信服务业》，经济管理出版社 2014 年版。

6. 孙孝文、汪波、刘鸿玉、王娅郦、叶云：《中国企业社会责任报告编写指南（CASS–CSR3.0）之汽车制造业》，经济管理出版社 2014 年版。

7. 孙孝文、陈龙、王彬、彭雪：《中国企业社会责任报告编写指南（CASS–CSR3.0）之煤炭采选业》，经济管理出版社 2014 年版。

8. 彭华岗、钟宏武、孙孝文、张蒽：《中国企业社会责任报告编写指南（CASS–CSR3.0)》，经济管理出版社 2014 年版。

9. 孙孝文、李晓峰、张蒽、朱念锐：《中国企业社会责任报告编写指南（CASS–CSR3.0）之一般采矿业》，经济管理出版社 2014 年版。

10. 张蒽、钟宏武、魏秀丽、陈力等：《中国企业社会责任案例》，经济管理出版社 2014 年版。

11. 钟宏武、张蒽、魏秀丽：《中国国际社会责任与中资企业角色》，社会科学出版社 2013 年版。

12. 彭华岗、钟宏武、张蒽、孙孝文等：《企业社会责任基础教材》，经济管理出版社 2013 年版。

13. 姜天波、钟宏武、张蒽、许英杰：《中国可持续消费研究报告》，经济管理出版社 2013 年版。

14. 陈佳贵、黄群慧、彭华岗、钟宏武：《企业社会责任蓝皮书（2012）》，社会科学文献出版社 2012 年版。

15. 钟宏武、魏紫川、张蒽、孙孝文等：《中国企业社会责任报告白皮书（2012)》，经济管理出版社 2012 年版。

16. 陈佳贵、黄群慧、彭华岗、钟宏武：《企业社会责任蓝皮书（2011）》，社会科学文献出版社 2011 年版。

17. 彭华岗、钟宏武、张蒽、孙孝文：《中国企业社会责任报告编写指南（CASS–CSR2.0)》，经济管理出版社 2011 年版。

18. 钟宏武、张蒽、翟利峰：《中国企业社会责任报告白皮书（2011）》，经济管理出版社 2011 年版。

19. 彭华岗、楚旭平、钟宏武、张蒽：《企业社会责任管理体系研究》，经济管理出版社 2011 年版。

20. 彭华岗、钟宏武：《分享责任——中国社会科学院研究生院 MBA "企业社会责任" 必修课讲义集（2010）》，经济管理出版社 2011 年版。

21. 陈佳贵、黄群慧、彭华岗、钟宏武：《企业社会责任蓝皮书（2010）》，社会科学文献出版社 2010 年版。

22. 钟宏武、张唐槟、田瑾、李玉华：《政府与企业社会责任》，经济管理出版社 2010 年版。

23. 陈佳贵、黄群慧、彭华岗、钟宏武：《企业社会责任蓝皮书（2009）》，社会科学文献出版社 2009 年版。

24. 钟宏武、孙孝文、张蒽：《中国企业社会责任报告编写指南（CASS-CSR1.0）》，经济管理出版社 2009 年版。

25. 钟宏武、张蒽、张唐槟、孙孝文：《中国企业社会责任发展指数报告（2009）》，经济管理出版社 2009 年版。

26. 钟宏武：《慈善捐赠与企业绩效》，经济管理出版社 2007 年版。

二、支持机构：浦项（中国）投资有限公司

浦项制铁（POSCO）是韩国第一大钢铁生产销售企业，成立于 1968 年 4 月，40 多年来，POSCO 不断提高设备使用效率和生产效率，1998 年粗钢生产量世界排名第一。通过自主开发 Finex、CEM 等具有革新意义的技术强化全球领导地位，以及通过扩大海外投资确保原料的供应，不断提高高附加值战略产品在销售中的比例。现在，POSCO 拥有年产量世界第一的浦项及光阳制铁所，通过在中国、印度尼西亚、印度、越南、中南美等地区兴建生产基地，正积极推进全球生产体系的构建。完善的生产体系，稳定的原料供应，覆盖广泛的产品销售网络，共同奠定了 POSCO 在全球综合钢铁企业中的领先地位。依靠超越极限的挑战精

神与实践力量，引领韩国的产业现代化与经济发展；如今的 POSCO 涉及钢铁、E&C、IT、新能源、新材料等领域，拥有遍布全球 9 个地区的 210 余个子公司。当前，POSCO 正以过去 40 年中钢铁产业积累的核心力量为基础，积极培育第二核心事业，以此作为新的绿色成长动力，励志成为跨行业多领域的国际型企业，昂首阔步前进。

20 世纪 80 年代，改革开放春风拂面，POSCO 叩响了中国的大门，1985 年浦亚实业在香港率先注册成立。90 年代后期，中国钢铁业高速发展，POSCO 着手筹备战略性投资项目，北京代表处应运而生，韩国钢铁巨人加快了在中国的脚步。时至今日， POSCO 在华累计投资金额已超过了 43 亿美元，拥有 50 家法人公司，33 家控股公司，员工 7400 余人，组成了生产、加工、贸易流通等综合钢铁供应链，成为在华外资企业中唯一的综合性钢铁企业。

2003 年，生产企业和加工中心日益兴盛，可是中国地区缺少协同枢纽的问题也日益凸显。在历史的感召下，2003 年 11 月 7 日，浦项（中国）投资有限公司诞生了，POSCO 正式开启了中国地区经营本地化进程。200 余人的浦项（中国），在北京、上海、广州、香港、沈阳、武汉、青岛、重庆等各大一线城市安家落户。作为地区总部，公司在原有职能基础上，陆续增设了教育革新、对外协力、企划投资、新材料事业等支援部门，为中国地区法人公司提供人事、教育、革新、监察、财务、法律、外事等专业咨询的 Shared Service 分享服务，协助法人公司将 POSCO 文化落地生根，服务于生产经营的高效运转。

2010 年和 2011 年，POSCO 相继与吉林省、广东省建立战略合作伙伴关系，2013 年与重庆市签订 Finex 综合示范钢厂合作同意书，浦项磁铁、浦项北京中心等未来工程都将奠定浦项在华发展基石，预示着我们未来的新气象。在"默默无闻改变世界"的企业理念感召下，参与社会公益活动是浦项（中国）多年来经营活动中的重要一环，浦项（中国）建立了为期五年的"浦项龙井公益基金"，并在汶川地震、雅安地震、吉林省水灾等自然灾害发生之时积极动员在华法人，奉献爱心。点滴成金的丰硕果实获得了外界的关注和认可，POSCO 连续 7 年荣膺南方周末世界 500 强企业在华贡献排行榜百强行列。同时在劳资关系、环境保护等企业社会责任综合领域中取得的实践成果，在中国社会科学院的企业社会责任蓝皮书中给予了肯定。

2014 年 12 月，POSCO 在华总部大楼——浦项北京中心揭开神秘的面纱。在华全体浦项家族将迎来乔迁之日，浦项（中国）将在这里，成为未来 POSCO 在华市场拓展与事业扩展的尖兵，与 Family 公司紧密协调，引领可持续发展。

三、参编机构：正德至远社会责任机构

正德至远（北京）咨询有限责任公司成立于 2010 年，在中国社会科学院经济学部企业社会责任研究中心咨询部和数据中心的基础上组建而成。公司系中国社科院企业社会责任研究中心的战略合作机构和成果转化平台。公司成立以来，先后为《中国企业社会责任蓝皮书（2010/2011/2012/2013)》、《中国企业社会责任报告白皮书（2011/2012/2013)》、《中国企业社会责任报告编写指南（CASS-CSR 2.0/3.0)》等项目提供数据支持；双方共同为国内外数十家大型企业提供社会责任管理咨询、培训和报告服务。

公司依托中国社科院企业社会责任研究中心深厚的理论研究基础，结合我国企业实践经验，专注于企业社会责任管理咨询、能力培训和品牌推广，为客户提供全方位的社会责任解决方案，帮助客户成为面向未来的可持续企业。公司提供的服务主要包括：

社会责任管理咨询：帮助企业建立社会责任组织体系、制度体系、指标体系、社会责任战略规划和社会责任项目评估。

社会责任报告咨询：帮助企业建立社会责任报告编写流程、议题选择流程，并指导企业进行年度社会责任报告编制。

社会责任传播：帮助企业建立社会责任传播与沟通体系、利益相关方沟通手册，树立负责任的品牌形象。

社会责任培训：为企业提供社会责任理论和实践培训，提升管理层和员工的社会责任意识，并帮助企业掌握社会责任工作工具。

社会责任评估：依托中国社科院企业社会责任研究中心的数据库和知识库资源，为企业提供社会责任诊断和评估，并提供针对性解决方案。

地址：北京市朝阳区东三环中路 39 号建外 SOHO 写字楼 A 座 605（100022）

邮箱：wangj@cass-csr.org

电话：010-59001552

四、2014 年已出版的分行业指南 3.0

编号	名称	合作单位	出版时间
一	《中国企业社会责任报告编写指南 3.0 之一般框架》	政府、企业、学术机构和行业专家	2014 年 1 月
二	《中国企业社会责任报告编写指南 3.0 之一般采矿业指南》	中国黄金集团公司	2014 年 1 月
三	《中国企业社会责任报告编写指南 3.0 之汽车制造业指南》	东风汽车公司、上海大众汽车有限公司	2014 年 7 月
四	《中国企业社会责任报告编写指南 3.0 之煤炭采选业指南》	神华集团有限责任公司、中国中煤能源集团有限公司	2014 年 10 月
五	《中国企业社会责任报告编写指南 3.0 之电信服务业指南》	中国移动通信集团公司	2014 年 10 月
六	《中国企业社会责任报告编写指南 3.0 之电力生产业指南》	中国华电集团公司	2014 年 10 月
七	《中国企业社会责任报告编写指南 3.0 之建筑业指南》	中国建筑工程总公司	2014 年 11 月
八	《中国企业社会责任报告编写指南 3.0 之家电制造业指南》	松下电器（中国）有限公司	2014 年 11 月

五、2015 年分行业指南 3.0 出版计划

编号	名称	合作单位	计划出版时间
一	《中国企业社会责任报告编写指南 3.0 之仓储业指南》	中国储备棉管理总公司	2015 年 1 月
二	《中国企业社会责任报告编写指南 3.0 之钢铁业指南》	浦项（中国）投资有限公司	2015 年 1 月
三	《中国企业社会责任报告编写指南 3.0 之石油化工业指南》	中国石油化工集团公司	2015 年 4 月
四	《中国企业社会责任报告编写指南 3.0 之房地产业指南》	中国建筑工程总公司、华润置地有限公司	2015 年 4 月
五	《中国企业社会责任报告编写指南 3.0 之非金属矿物制品业指南》	中国建筑材料集团有限公司	2015 年 4 月

续表

编号	名称	合作单位	计划出版时间
六	《中国企业社会责任报告编写指南 3.0 之银行业指南》	中国民生银行股份有限公司	2015 年 5 月
七	《中国企业社会责任报告编写指南 3.0 之电力供应业指南》	中国南方电网有限责任公司	2015 年 5 月
八	《中国企业社会责任报告编写指南 3.0 之医药业指南》	华润医药集团有限公司	2015 年 7 月
九	《中国企业社会责任报告编写指南 3.0 之食品饮料业指南》	中国盐业总公司、内蒙古蒙牛乳业(集团)股份有限公司、雨润控股集团有限公司	2015 年 7 月
十	《中国企业社会责任报告编写指南 3.0 之电子行业指南》	中国电子信息产业集团、三星中国投资有限公司	2015 年 7 月
十一	《中国企业社会责任报告编写指南 3.0 之特种装备业指南》	中国兵器工业集团公司、中国航空工业集团公司、中国电子科技集团公司、中国航天科工集团公司	2015 年 10 月

六、参考文献

(一) 国际社会责任标准与指南

[1] 国际标准化组织 (ISO)：《社会责任指南：ISO26000》，2010 年。

[2] 全球报告倡议组织 (Global Reporting Initiative，GRI)：《可持续发展报告指南 (G4)》，2013 年。

[3] 联合国全球契约组织：《全球契约十项原则》。

[4] 国际审计与鉴证准则委员会：ISAE3000。

[5] Accountability：AA1000 原则标准 (AA1000APS)、AA1000 审验标准 (AA1000AS) 和 AA1000 利益相关方参与标准 (AA1000SES)。

[6] 国际综合报告委员会 (IIRC)：整合报告框架 (2013)。

(二) 国家法律法规及政策文件

[7]《中华人民共和国宪法》及各修正案。

[8]《中华人民共和国公司法》。

[9]《中华人民共和国劳动法》。

[10]《中华人民共和国劳动合同法》。

[11]《中华人民共和国就业促进法》。

[12]《中华人民共和国社会保险法》。

[13]《中华人民共和国工会法》。

[14]《中华人民共和国妇女权益保障法》。

[15]《中华人民共和国未成年人保护法》。

[16]《中华人民共和国残疾人保障法》。

[17]《中华人民共和国安全生产法》。

[18]《中华人民共和国职业病防治法》。

[19]《中华人民共和国劳动争议调解仲裁法》。

[20]《中华人民共和国环境保护法》。

[21]《中华人民共和国水污染防治法》。

[22]《中华人民共和国大气污染防治法》。

[23]《中华人民共和国固体废物污染环境防治法》。

[24]《中华人民共和国环境噪声污染防治法》。

[25]《中华人民共和国水土保持法》。

[26]《中华人民共和国环境影响评价法》。

[27]《中华人民共和国清洁生产促进法》。

[28]《中华人民共和国节约能源法》。

[29]《中华人民共和国可再生能源法》。

[30]《中华人民共和国循环经济促进法》。

[31]《中华人民共和国产品质量法》。

[32]《中华人民共和国消费者权益保护法》。

[33]《中华人民共和国反不正当竞争法》。

[34]《中华人民共和国科学技术进步法》。

[35]《中华人民共和国反垄断法》。

[36]《中华人民共和国专利法》。

[37]《中华人民共和国商标法》。

[38]《集体合同规定》。

[39]《禁止使用童工规定》。

[40]《未成年工特殊保护规定》。

[41]《女职工劳动保护特别规定》。

[42]《残疾人就业条例》。

[43]《关于企业实行不定时工作制和综合计算工时工作制的审批方法》。

[44]《全国年节及纪念日放假办法》。

[45]《国务院关于职工工作时间的规定》。

[46]《最低工资规定》。

[47]《生产安全事故报告和调查处理条例》。

[48]《工伤保险条例》。

[49]《钢铁工业"十二五"发展规划》。

[50]《节能减排"十二五"规划》。

[51]《钢铁产业发展政策》。

[52]《钢铁产业调整和振兴规划》。

[53]《2014~2015年节能减排低碳发展行动方案》。

[54]《工业和信息化部关于钢铁工业节能减排的指导意见》。

[55]《工业和信息化部关于进一步加强工业节能工作的意见》。

[56]《工业转型升级规划（2011~2015年)》。

[57]《国务院关于进一步加强淘汰落后产能工作的通知》（国发〔2010〕7号）。

[58]《钢铁业生产经营规范条件》。

[59]《上海证券交易所上市公司环境信息披露指引》。

[60]《深圳证券交易所上市公司社会责任指引》。

[61]《清洁生产审核暂行办法》。

[62]《中共中央关于全面深化改革若干重大问题的决定》。

(三) 社会责任研究文件

[63] 中国社会科学院经济学部企业社会责任研究中心：《中国企业社会责任报告编写指南（CASS–CSR3.0)》，2011年。

[64] 中国社会科学院经济学部企业社会责任研究中心：《中国企业社会责任

报告评级标准 2013》，2013 年。

[65] 中国社会科学院经济学部企业社会责任研究中心：《中国企业社会责任研究报告（2009/2010/2011/2012/2013/2014）》，社会科学文献出版社。

[66] 中国社会科学院经济学部企业社会责任研究中心：《中国企业社会责任报告白皮书（2011/2012/2013）》，经济管理出版社。

[67] 中国社会科学院经济学部企业社会责任研究中心：《企业社会责任基础教材》，经济管理出版社 2013 年版。

[68] 彭华岗等：《企业社会责任管理体系研究》，经济管理出版社 2011 年版。

[69] 国家电网公司《企业社会责任指标体系研究》课题组：《企业社会责任指标体系研究》，2009 年 3 月。

[70] 殷格非、李伟阳：《如何编制企业社会责任报告》，2008 年。

[71] 李伟阳、肖红军、邓若娟：《企业社会责任管理模型》，2012 年。

[72] 全哲洙：《中国民营企业社会责任研究报告》，2014 年。

(四) 企业社会责任报告

[73]《中国浦项企业社会责任报告 2011~2013》。

[74]《宝钢集团企业社会责任报告 2011~2013》。

[75]《武汉钢铁集团企业社会责任报告 2011~2013》。

[76]《太原钢铁集团企业社会责任报告 2011~2013》。

[77]《鞍山钢铁集团可持续发展报告 2011~2013》。

[78]《河北钢铁集团企业社会责任报告 2011~2013》。

[79] POSCO Sustainability Report 2011–2013。

[80] Arcelor Mittal Sustainability Report 2013。

[81] TATA Sustainability Report 2011–2013。

[82] JFE Sustainability Report 2011–2013。

[83] Nippon Steel & Sumitomo Metal Sustainability Report 2011–2013。

后　记

2009 年 12 月，中国社会科学院经济学部企业社会责任研究中心发布了中国第一份企业社会责任报告编写指南——《中国企业社会责任报告编写指南（CASS-CSR1.0)》（简称《指南 1.0》）。为了增强指南的国际性、行业性和工具性，2010 年 9 月，中心正式启动了《指南 1.0》的修订工作，扩充行业、优化指标、更新案例。2011 年 3 月，《中国企业社会责任报告编写指南（CASS-CSR2.0)》（简称《指南 2.0》）发布。《指南 2.0》获得了企业广泛的应用，参考《指南 2.0》编写社会责任报告的企业数量由 2011 年的 60 家上升到 2013 年的 195 家。

为了进一步提升指南的国际性、实用性，引导我国企业社会责任从"报告内容"到"报告管理"转变，2012 年 3 月 31 日，《指南 3.0》编制启动会在北京召开，来自政府、企业、NGO、科研单位等机构的约 100 名代表出席了本次启动大会。为广泛征求指南使用者意见，中心向 100 家企业发放了调研问卷，并实地走访、调研 30 余家中外企业，启动了分行业指南编制工作。

《中国企业社会责任报告编写指南之钢铁业指南》的编制时间为 2014 年 9~12 月，期间，编写组不仅深入浦项（中国）投资有限公司调研考察，征求一线生产管理人员的意见和建议，还远赴韩国浦项钢铁公司集团总部及浦项制铁所交流、调研，对浦项钢铁集团的 CSR 工作有了更加深入的理解。本书是集体智慧的结晶。全书由张宓、咸东垠、许妍、路浩玉共同撰写。POSCO 总部环境能源室等多部门 CSR 同仁对指南提出了针对性的意见和建议；浦项（中国）投资有限公司对外协力部外事经理许妍主导了第八章案例写作的工作；在资料整理过程中，张宓、路浩玉等做出了诸多贡献。全书由钟宏武审阅、修改和定稿。

《中国企业社会责任报告编写指南（CASS-CSR3.0)》系列将不断修订、完善，希望各行各业的专家学者、读者朋友不吝赐教，共同推动我国企业社会责任更好更快的发展。

编写组
2014 年 12 月